不动产行业透视

对话行业精英

金增荣　李叔合◎主编

Insights Real Estate Elite Talks

中国经济出版社
CHINA ECONOMIC PUBLISHING HOUSE
北　京

图书在版编目（CIP）数据

不动产行业透视：对话行业精英 / 金增荣，李叔合主编. -- 北京：中国经济出版社，2025. 1. -- ISBN 978-7-5136-8046-2

Ⅰ. K825.38

中国国家版本馆 CIP 数据核字第 2025Z9K502 号

责任编辑　赵静宜
责任印制　马小宾
封面设计　久品轩

出版发行　中国经济出版社
印 刷 者　河北宝昌佳彩印刷有限公司
经 销 者　各地新华书店
开　　本　880mm × 1230mm　1/32
印　　张　5.75
字　　数　112 千字
版　　次　2025 年 1 月第 1 版
印　　次　2025 年 1 月第 1 次
定　　价　98.00 元
广告经营许可证　京西工商广字第 8179 号

中国经济出版社　**网址** http://epc.sinopec.com/epc/　**社址** 北京市东城区安定门外大街 58 号　**邮编** 100011
本版图书如存在印装质量问题，请与本社销售中心联系调换（联系电话：010-57512564）

编委会名单

序　言

中国的城市化，其牵动的上下游制造产业链发展了近四十年，为国家创造出了巨大的红利。不动产行业，它是最牢靠的资金盘，更是千万老百姓的心头肉，涵盖土地开发，土地增值的城市建设，建筑制造以及土地财政，牵引了整个 GDP 的变化。

作为经济巨轮中不可或缺的一部分，其演变的轨迹与国家的繁荣发展紧密相连。在改革开放的春风下，不动产行业初以满足人们居住需求为己任，随着城市化下半场的推进，传统单一的房地产，开始向商业不动产、产业园区不动产、文旅不动产等多元化领域拓展。后期，不动产行业或有泡沫、有挑战、有创造，但谁也无法阻遏其内在演进的时代冲动。显然，当下不动产行业，绿色建筑、智能建筑等成为行业热词，企业家和管理者都在致力于提升建筑的能效和居住的舒适度，以期从土地博弈，演绎到以多元化布局和精细化管理制胜未来。

成书的2024年，本书采访过的企业家身上似乎流淌着这个行业的年轮直觉，你会发现，他们的执着和灵敏与时代的演变相辅相成，深入挖掘每个故事人背后的心血和智慧，发现所谓不凡的成就，就是个体和团队在时代车轮下的不屈和求证。

在此，特别感谢所有接受采访的企业和湖南不动产商会的各位会长们，正是你们毫无保留的分享和坦诚的交流，使得本书不仅仅是鲜活的采访纪实，更是一部充满温度和力量、交织湖南区域特色的城市作品。我们相信，真实的讲述，心灵的流淌，是企业家和读者们一起迎接未来的可靠方式。

聂梅生

2024年12月

目录

Chapter 02

Chapter 03

成长篇 | 绝不自我设限 / 101

认知篇 Chapter 01

专注于重要的事情

人生的理想境界，或许可以这样描绘：心境平和，目标明确，自信满满。在这样的状态下，我们能够集中精力，专注于真正关键的问题；促使我们学会设定目标，明确优先级，将有限的时间和精力，投入最为重要的事情上。在纷繁复杂的世界中，只有保持清醒的头脑、坚定的步伐，才能不断前进、不断成长。做别人做不到的事情才是你独特的价值所在。

傅胜龙

全联房地产商会会长

湖南省不动产商会会长

大汉控股集团有限公司党委书记、董事长

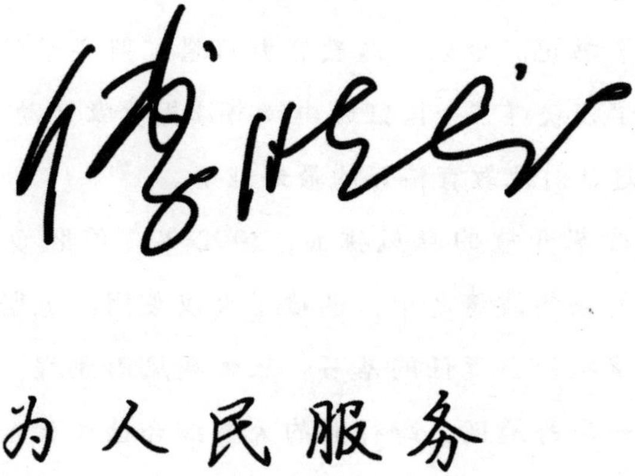
为人民服务

主持人手记

傅胜龙，这位地地道道的邵阳之子，以全优生的成绩于1981年毕业，并被分配至声名显赫的向红机械厂。年仅弱冠，他便担任了团委书记，以他的睿智和热情，引领着全厂青少年走向光明。

岁月流转至1989年，傅胜龙转战教育行业，成为娄底市一中的团委书记。他以实践教育为灯塔，照亮了学子们的道路。带领学校获得“全国红领巾读书读报奖章活动先进单位”的殊荣，这是对他教育情怀的最好证明。

随着改革开放的春风拂面，1992年，傅胜龙毅然决然地投身于商海的波涛之中，创建了大汉集团。他坚信，企业的发展是承担社会责任的基石。三十载风雨兼程，大汉集团已成长为一家跨地区、跨行业的大型综合性民营企业，拥有300余家子分公司，年营收近700亿元，累计缴纳税额超过100亿元。

2020年，傅胜龙被选为湖南省不动产商会会长，这是他生命中一段美丽的邂逅。2022年，全联房地产商会第五次会员大会在北京召开，傅胜龙被选为第五届理事会会长。大汉作为长沙本土的民企，中国500强企业之一，他深知自己肩负的责任与使命——与城市同呼吸、共命运。傅胜龙和大汉在这里筑梦，与城市一同生长，绘制未来无限可能。

第一节　企业家的“战士”精神

傅胜龙　大汉控股集团有限公司[①]党委书记、董事长

在商业的海洋中，他宛如一位智者、一座沉稳的灯塔，为过往的船只指引着前行的方向。傅胜龙作为全联房地产商会会长、湖南省不动产商会会长，在财经圈声名远扬，他的多重身份与传奇般的经历，令人瞩目且充满惊叹。当被好奇地问及最想向大众介绍自己的哪个身份时，傅胜龙的答案别具一格。

“我其实最想向大家介绍我的三个身份”，他语气沉稳而坚定地说道，“第一个是大汉集团的党委书记，这一身份彰显了我的政治方向——听党的话，这就如同我们企业的一个鲜明旗帜，在时代的风中飘扬，无论风雨如何肆虐，这面旗帜都坚定不移地引领着我们前进。第二个是大汉集团董事长，

① 简称“大汉集团”。

它代表着所属权，整个集团都在我的运筹帷幄之下稳健前行。第三个是大汉国际工匠学院的创始人，在未来的事业版图规划中，我将全身心地专注于‘工匠’这一关键领域，其中既涵盖了对工匠精神的精心培育，也包含了对技能型岗位人才的专业化培训。我们怀揣着宏伟的目标，那就是在金桥每年颁发 100 万张岗位证书，让 100 万怀揣梦想的人从这里获得开启人生新旅程的证书。这不仅仅是一个数字，更是我们对社会的一份责任与担当，是我们为推动社会发展所做出的努力。”

要知道，每一张证书背后都承载着一个人的梦想与希望，都有可能改变一个家庭的命运。这些证书就像一把把钥匙，为那些渴望在社会上立足、追求美好生活的人打开一扇扇机会的大门。在整个发展过程中，傅胜龙和他的团队付出了巨大的心血。从课程的设计到师资的选拔，从教学设施的完善到与企业的合作对接，每一个环节都经过了精心的考量和细致的打磨。他们致力于打造一个高质量、高标准的培训平台，让每一位学员都能在这里真正学到有用的知识和技能，为他们的未来奠定坚实的基础。

商协会使命感与企业家价值观高度叠合

在大众的心中，傅胜龙犹如一颗多重切面的宝石，拥有多个标签。

全联房地产商会作为产城时代规模最大的全国性行业组织，在行业中具有深远的影响力。从聂梅生女士创立，到富力地产的张力先生接棒，众多著名企业家都在协会中扮演着重要的社会角色，他们的智慧与努力如同点点星光，照亮了协会前行的道路。傅胜龙接任会长一职时，曾坦言心中有些忐忑。

“作为深耕在长沙的本土企业，与一线城市的企业相比规模有限，我曾质疑自己凭什么能承担这一重任。但后来我慢慢明白，既然有缘，就必有其历史使命。”当被确认当选为新一任会长时，傅胜龙觉得自己似乎并非最佳人选，但在地方推荐和调研后，他还是毅然担起了这副担子。“有人需要你，就意味着你有着被需要的价值，这便是‘厚德载物’”，这不仅仅是一种荣誉，更是一份沉甸甸的责任，他深知自己肩负着推动行业发展、促进交流与合作的重任。

傅胜龙在创业初期，面临着资金短缺、市场竞争激烈等诸多困难，他凭借着坚定的信念和顽强的毅力，带领着团队一步一个脚印地向前迈进，他们从最基层的业务做起，不断地积累经验、拓展市场，逐步将大汉集团打造成中国 500 强企业之一，最终在市场上站稳了脚跟。

大汉集团主要涵盖两个至关重要的业务板块，一是规模宏大的钢铁贸易，二是意义深远的城镇化开发。在钢铁贸易方面，其规模颇为壮观，年销售额将近 600 亿元，在全国建筑材料、钢材贸易领域名列前茅。这一辉煌成就得益于改革开放 40 多年来钢铁行业的迅猛发展，傅胜龙风趣地笑称自己“踩着潮头浪尖”，是改革开放这趟高速运行的电梯将他送上了成功的高度。其中既有时代赋予的机遇，也离不开他敏锐的商业洞察力和果敢的决策能力。在城镇化开发方面，2021 年大汉集团的规模就超过了 100 亿元。其在湖南省 40 多个市、县开发了多个项目，开发力度和面积都相当大，例如，近三年来，每年交付 200 万平方米的房子，由于价格定位合理，200 万平方米的房子总价不到 100 亿元。这样的体量、开发面积以及开发难度，在全国都处于领先地位。他所开创的“大汉模式”更是成为一条独特而闪光的企业品牌成长道路，它不仅是一种商业模式，也是一种融合了创新、责任、人文关怀等多种元素的发展理念；强调企业在追求经济效益的同时，也要注重社会效益和环境效益的平衡；强调通过与当地政府、社区、合作伙伴等各方的紧密合作，实现资源的优化配置和共同发展。

“大汉实践”破解中国式企业无法逃避的数字之殇

市场的风云变幻促使傅胜龙不断思考企业的未来发展方向，而中国特殊的人口结构以及“轰轰烈烈”的数字化转型背景，让他犹如一位敏锐的猎手，意识到转型的重要性。

傅胜龙有着高瞻远瞩的眼光，早在十年前就看到数字化的广阔前景，从 1994 年设计 MIS 系统到后来的“大大买钢”数字化平台，他在数字化转型的漫长道路上如同一位执着的探险家不断探索前行。先后创造出链动云产品：大大买钢、鲸 GO、钢铁云等；建设云：白龙马、金信子、金眼睛等；悦云：汉云平台、悦云资管、悦商圈等；工匠云：鲸安校、智慧校园、家校通等。在此过程中，傅胜龙十分注重与其他企业的合作，如钉钉、华为等行业巨头。通过与钉钉的合作，大汉集团打造了高效的办公自动化系统，提高了企业的工作效率；通过与华为的合作，大汉集团在 5G、云计算等领域进行了深入的探索和应用，为企业的数字化转型提供了强大的技术支持。其中，总投资近300万元的华为智能光伏实训基地正式落户大汉金桥未来城，此项目的运营，对大汉金桥提升品牌影响力，彰显国际化形象，打造国际蓝领工人培养高地，具有重要的战略意义。这是华为全球第一家智能光伏（含光储充和家庭绿电板块）实训基地，也是湖南省配套最健全的人才培养基地。200位来自非洲、“一带一路”沿线国家的首批华为生态企业技术人员接受了基地的培养，并经考试合格后，成功获得由华为总裁任正非签发的职业技能等级证书。

大汉集团将互联网、大数据、人工智能等新兴技术融合，打造出智能化的商业运营平台，通过对市场数据的分析和挖掘，能够更加精准地把握市场需求，为客户提供个性化的服务。大汉集团与众多顶尖企业携手合作，通过深度整合双方资源和优势互补，实现了互利共赢的协同发展。傅胜龙还提到了向陈春花教授学习的宝贵经历，一直以来十分重视企业数字化工作的他，把数字化视为未来企业的生命，并认为数字化转型要先解决价值观和方法论的统一，其中价值观主要是与陈春花老师共同探讨建立数字化管理的思维体系和数字化管理的思想；而方法论则是与钉钉、华为等共同拓展人力资源和人才培训渠道。大汉集团在发展的过程中，衍生出众多产业，如钢铁、汽车、酒店、物业、商业运营等。

面对不动产行业的变革，傅胜龙有着清醒的认识，他深知传统开发模式已经如同夕阳西下，前途黯淡。“关关难过关关过”，他们迎难而上，不断地探索新的商业模式和发展路径。2014—2016年无疑是大汉集团的至暗时刻，回顾金桥项目，傅胜龙感慨万千，大汉集团一边在金桥项目上投入了巨大的人力、物力和财力，另一边钢铁行业又陷入了严重的信任危机，银行承兑汇票出现了严重的问题，导致银行授信额度如同被抽走了支柱般大幅减少。在这个艰难的时期，傅胜龙通过不断与外界交流，参加宣传活动来转化情绪。他积极与银行等金融机构进行沟通和协商，寻求解决方案，最终争取到了银行的理解和支持。同时，他加强了企业内部的管理和风险控制，优化了资产结构，提高了企业的抗风险能力。

在傅胜龙想要大力发展的“工匠”教育领域，大汉集团也实现了华丽的转型，他们充分利用现代信息技术，打造了智能化的人力资源管理系统。通过这个系统，能够实现人才的精准招聘、高效培训、科学评价等功能。同时，他们还积极探索数字化教育的新模式，开发了在线课程、虚拟实验室等数字化教学资源，为学员提供了更加灵活、便捷的学习方式；也为社会提供了更加高效、便捷的人力资源服务。慢慢地，就在傅胜龙以为一切都在往好的方向发展时，市场环境却因新冠疫情遭受了重创，大汉集团面临着巨大的压力。收益锐减，而支出却依然如故，但他们咬紧牙关，依靠集团其他板块的支撑挺了过来。在这种困难时期，大汉集团也在积极履行社会责任，如减免租金、捐赠物资等，在寒冬中送去温暖的炭火，这是一家企业应有的社会担当与责任。

心灵的坚守：苦与乐的辩证法

傅胜龙将自己定义为“心灵品质工程师”，这背后蕴含着他对人生真谛的深刻领悟。在当今这个物欲横流的社会，很多人将快乐与金钱画等号，认为财富的积累就是幸福的保障。然而，傅胜龙却有着截然不同的看法。他坚信开心与钱无关，而是与价值观紧密相连，它决定了我们看待事物的角度，以及在面对各种境遇时的心境。傅胜龙不仅是一位具有深邃思想的企业领袖，他还拥有诗人般的情怀。这是源于某年中秋节，傅胜龙和爱人回老家看望父母，走在回城的路上，他的爱人望着乌云密布的夜空，感慨地说：“今晚月亮可能出不来了。”傅胜龙听后宽慰她说：“你放心，我写一首诗，月亮等会儿就会出来。”诗中写道：

“我在路上，月亮用力撑开云层，把月光送达。莫让路人留下一年的遗憾。

我在路上，今年的月光来得迟慢，是心的焦虑，还是云的彷徨。

我在路上，走过的酸甜苦辣都已物化，互联网没有风口，明天的路仍需艰难。

我在路上，插上理想的翅膀。我要飞翔，飞翔的力量来自何方。

我在路上，月光便是心爱，力量来自故乡。人民就是生我的故乡。”

果然，当《在路上》这首诗写完时，月亮真的出来了。这首诗表达了一位企业家在面临艰难的困境和巨大压力时，心中升腾的理想和信念，以及那一份深深的家国情怀。傅胜龙的心灵纯净而朴实，是因为他深受其父母品质的影响，同时也深受他所成长的那个时代精神的影响。

访谈者曾关切地问傅胜龙累不累，他给出了独特见解：“累不累其实取决于个人的观念。对于不同的人，即使是同一件事情，他们的感受也可能完全不同。”他还进一步提到，人的情绪在很大程度上受观念左右，而他自己深受毛泽东时代精神的影响，笑称：“自己是在唱着学习雷锋好榜样的歌声中长大的。”他坚定地认为做好事、承担责任是件无比光荣的事情，这是他心中最稳定的价值观灯塔。

在他看来，工作中的辛苦和压力并不是一种负担，而是一种磨砺和锻炼。他把每个困难都视为一个提升自己能力和素质的机会，通过不断地克服困难，他的内心变得更加坚强和自信。同时，他也非常注重团队的建设和员工的培养。他认为，一个企业的发展离不开员工的支持和努力，只有让员工感受到企业的关爱和尊重，他们才会更加努力地工作。

傅胜龙常怀一颗平常心，无论是面对困难还是面对收获，都保持一种平衡感。当遭遇困境时，他不会被焦虑和恐惧所吞噬，而是冷静地分析问题，积极寻找解决之道；在取得成就时，他也不会被胜利冲昏头脑，骄傲自满，而是将其视为新的起点，继续前行。这种平衡理念与阳明心学的"致良知"完美地契合。"致良知"强调在内心深处寻找本真的善与智慧，摒弃外界的干扰和杂念，他将这一古老的智慧融入现代生活，绽放出新的光芒。

在他的心中，心灵的宁静与富足才是人生最宝贵的财富。这种宁静并非无所作为的寂静，而是在喧嚣的尘世中保持内心的一份淡定与从容。他会在忙碌的工作之余，抽出时间独处，聆听自己内心的声音；或是漫步于大自然，感受山川草木的生机与美好；或是静坐冥想，让思绪沉淀，回归内心的平静。这种心灵的富足让他在面对生活的种种挑战时，都能有足够的力量去应对。

傅胜龙认为企业家必须是一位无畏的“战士”，要敢于挑战、勇于奋斗，如同在战场上冲锋陷阵的勇士。同时，企业家也要有“柔”的一面，具备伟大的情怀。对社会、国家、民族乃至全宇宙都应有大情怀，对自然和人性充满爱。这种刚柔并济的情怀是企业家必备的品质，也是企业能够长远发展的重要保障。

他认为“自强不息，厚德载物”是中华民族文化的核心，也是企业发展的重要指引。傅胜龙在 15 岁时考上大学，成为一名数学专业的师范生。在回忆自己从一个农村孩子到中国 500 强企业的掌门人的经历时，他会告诉你，他一生所受教育的底色和今天他所践行的工匠教育，就是为了实现这八个字。在企业的发展过程中，会遇到各种各样的困难和挫折，如果没有“自强不息”的精神，很容易在困境中一蹶不振。而“厚德载物”则强调要有宽广的胸怀和高尚的品德，能够承载万物。企业在发展壮大的过程中，不仅要追求经济效益，还要承担起社会责任，关爱员工、保护环境、回馈社会等。

经历过往也望见未来

傅胜龙提到，地产经济将逐渐转化为文化经济，这是时代发展的滚滚潮流。在过去，人们的主要精力都放在解决温饱问题上，追求物质的满足成为首要目标。然而，随着社会的进步和生活水平的提高，人们的需求开始发生转变。从单纯地追求物质到注重心灵健康与幸福感受的精神追求，这个时代，如同飞驰的列车般快速而深远地变化着。

从产业结构的深刻变化到企业的全面升级，“大汉模式”的出现并非偶然且不可复制。它是傅胜龙在长期的实践探索中，将商业智慧与人文关怀相结合的产物；它既包含了对市场趋势的敏锐洞察，又蕴含了对人性的深刻理解。在商业与心灵的道路上，傅胜龙不断探索、前行。他在商业决策中融入了对社会、对人的思考，力求在创造经济效益的同时，也能为社会带来正能量。

他的故事告诉我们，企业的发展不仅仅是数字的增长和利润的提升，更是一种价值观的传递和心灵的成长。在这个充满机遇与挑战的时代，他的故事犹如一盏明灯，照亮着后来者前行的道路。对于那些在商业领域中摸索前行的人来说，傅胜龙的经验可以帮助其少走弯路，更好地把握时代的脉搏；对于普通读者而言，他的人生态度和价值观念也能让其在面对生活的种种困惑时，找到新的方向和力量。

傅胜龙采访语录摘录

很多东西可能被时代赋予了这样一个使命，你还真不能够回避它，你得顺势而为。

你得知道自己的能量有多大，而且你知道了边界之后，你会努力提升自己，把边界扩大，同时也要对自然规律有所畏惧。

我认为所有的企业都会走到数字化这条路上来，把这些东西放在可视化平台上操作运行，你就能同时管理多个组织，也许比之前管理一个时还要轻松，所有的痕迹都在平台上显现得清清楚楚，通过AI还可以不断地自我优化，来帮助你做得更好。

人的情绪是由其观念决定的，比如，我要做一个什么事？你在这个念头中就会产生一种场景，这个场景是让你纠结、忧愁还是快乐、高兴呢？

你问我累不累？要是你现在让我去搓麻将，搓一天，那我会觉得很累，但对于有些人来说，他搓一天就很开心。要是让小孩子去玩游戏，玩一天他觉得很好玩，可要我去玩一天游戏，那就感觉很累了。

喻春光

湖南省不动产商会名誉会长

湖南美林家美集团董事长

人微小

心熱愛

喻春光

甲辰夏

主持人手记

喻春光，湖南长沙人，一位在商界颇具影响力的人物。在商业领域展现出卓越的领导才能和创新精神，他毕业于中南大学，获得管理学博士学位，后在商业实践中不断积累经验并提升自我，成为湖南美林家美集团董事长。湖南美林家美集团旗下拥有美林置业和天心城建两个系列公司，开发运营了美林银谷、美林景园、家家美建材家居广场等多个知名项目。此外，喻春光与中国建筑第五工程局有限公司合作开发的“江山壹号”项目，更是他商业版图上的一颗璀璨明珠。

然而，喻春光并不满足于商业上的成功，还积极承担起社会责任。作为湖南省第十届、第十一届政协委员，他为湖南省的发展出谋划策；作为湖南省工商业联合会副会长、湖南省不动产商会名誉会长，他为推动行业发展贡献了自己的力量。他的公益事业涵盖希望工程建设、光彩事业等，以及地震灾区救助，体现了他对社会的深情厚意。

喻春光常说，他的每一个项目都是他的作品，用心打造每一个作品，让它们成为行业的典范。这不仅是他对商业的执着追求，更是他对社会责任的深刻理解。

在长沙这片热土上，喻春光的名字就像春天里的阳光，温暖而明亮。

第二节　在社区中建立良好的邻里关系是未来的课题

喻春光　湖南美林家美集团董事长

在时光的长河中，总有一些人会以他们的卓越才能和独特视角，引领着行业的发展，成为时代的“弄潮儿”。喻春光，便是这样一位在地产领域书写传奇的人物。他的故事，如同一篇振奋的诗歌，以色彩和线条诉说着无声的韵律，展现出了一位企业家的智慧、勇气和担当。

商会传奇与地产征程的开启

访谈伊始，主持人满怀敬意地介绍了身边的嘉宾——喻春光。作为湖南省不动产商会的创立者之一，喻春光给人一种亲切而自由的感觉。主持人回忆起自己 2006 年加入商会，并在喻会长的介绍下担任了第一任秘书长的经历，以及与喻春光之间多年的情谊。这份情谊在岁月的沉淀中越发深厚，也为本次访谈增添了一份温暖的底色。

喻春光分享了重回商会的喜悦，尽管这两年因忙碌来的次数较少，但此刻能与大家相聚，共同探讨房地产的未来，他深感荣幸。他指出，房地产如今正处于关键时刻，面临着未来发展方向的重大抉择。而他的地产征程，也迎来了挑战与机遇。

回顾过去 20 年的地产历程，喻春光始终坚持“为业主创造最大价值，做美好生活引领者”的理念。2002 年的美林景园，便是这一理念的生动体现。当时的百姓还只是追求有房子住，而喻春光却早早考虑到了居住环境的重要性。美林景园至今仍是众多开发商值得借鉴的园林典范，小区的园林和房间设计独具匠心。当年以开盘价 1800 元售卖的美林景园，如今其二手房的价格高昂，为第一批购房者带来了财富增值。

接着是美林银谷，位于长沙市政府正对面的黄金位置。当时，喻春光从国外归来不久，引入了很多国际元素，他聘请澳大利亚设计师，打造了具有国际特色的街景和配套设施。美林银谷不仅有独特的设计，还成为城市的一道亮丽风景线。

江山壹号更是地产传奇的代表。当初很多人质疑在山上建房子的可行性，但喻春光却看到了这里可以将长沙最美的风景——橘子洲头、湘江岳麓山尽收眼底。在 2012 年定位为大平层豪宅的江山壹号，于 2015 年首开，至今仍是湖南省豪宅的标杆。这里不仅有得天独厚的自然景观，更有喻春光对品质的执着追求和创新理念。

东塘 1 号——承载历史与开创未来

当被问及从美林景园到江山壹号再到东塘 1 号的变化时，喻春光认为，时代向前发展，每个时期都要做最好的产品，地产人需要将美好生活理念融入产品开发。

东塘，作为 2023 年联合国人居环境评分全市最高，教育、医疗、文体、商业全能生活生态板块，同时也承载了长沙对外开放历史的地方，在喻春光的眼中，其具有独特的魅力。

大家都知道，雅礼在东塘。但“雅礼”对于长沙这座城市意味着什么？ 1906 年，耶鲁大学校友会提出将西医与教育引入中国，在东塘建了雅礼学校和雅礼医院。长沙虽是内陆城市，但仍以开放心态接受并支持落地。正因为长沙的包容性和开放性，使之成为今日的娱乐之都、网红城市。然而，东塘的商业近年来却因变革惰性而显得破落。在喻春光拿到东塘 1 号地块后，思考着如何唤起东塘商圈的尊贵回忆，打造一个标志性的作品。他认为东塘是长沙开放城市的思想起源地，有着深厚的文化底蕴。曾经的东塘商业与五一商圈并重，20世纪90年代商业很完善，但近年来更新不够快，产生了变革的惰性。喻春光希望通过东塘1号这个项目，为东塘注入新的活力。

对于东塘1号的定位，喻春光提出打造“健康科技大平层豪宅”的理念，成为健康美好生活的引领者。在决策过程中，他拜访了雅礼学校的校长、商会顾问、中医大学老校长和电影制片厂老厂长等，想要从他们那里获取智慧和灵感。

随后，喻春光决定从四个维度来建设东塘1号，第一个维度是在江山壹号的基础上，选用二十多个国际品牌，其中一半以上选择德国品牌来装修建设房屋，提升品质。从电梯、中央空调、新风系统、地暖、净水设备，到门窗五金、卫浴五金、厨电、卫浴、开关面板等，均选择德国、美国等进口顶级品牌，从每一个细节来彰显奢华与品质。它是湖南首个提出健康住宅理念的项目，因此在空气、水、噪声、环保等方面，均按照国际WELL健康住宅特性打造。

第二个维度是注重居住科技感，提出像造汽车一样造房子的理念。选择与华为科技合作开发从芯片、主机到场景应用，从系统性到智能化的科技住宅。并承诺业主，入住东塘

1 号科技住宅享有华为科技成果终身免费升级。在科技与智能化方面，与华为同步，达到世界领先水平。中国在电动汽车乃至家居科技智能化领域已遥遥领先，如华为、比亚迪等，从科技造车到生活场景应用，都成为世界第一。为此，美林选择与华为达成战略合作。我们可以相信，东塘 1 号也会成为超越所有豪宅想象的中国健康科技住宅新标杆。在场景智能化方面，东塘 1 号将实现机器人送快递等多项智能化服务。为了确保安全，减少外来人员的流动，快递员不进入小区和电梯间，而是通过无人机将货物送到小区，再由机器人送到家门口。这种科技感十足的服务，让业主享受便捷的同时，也感受到了未来生活的魅力。

第三个维度是人文关怀，针对物业与业主之间常见的矛盾痛点，喻春光提出让原长沙阿一鲍鱼团队，在东塘 1 号打造一支顶级餐饮团队，并开创由餐饮管理公司直接管理物业的模式，将每套住宅的客餐厅当作 VIP 包厢来服务，提供中西式早餐、家宴等私人订制服务。在这里，可以轻松举办家宴，邀请亲朋来开 party，欢聚一堂。业主只需在手机上下单，厨师、服务员和食材就会被送到家中，真正享受到健康生活的品质。同时，要求餐饮裂变成为社区商业，将原来餐饮的仓库、海鲜池、配菜间裂变成生鲜超市，将稍大的点心、烧腊、汤品档口变成小门店做快餐，将干洗部从餐饮中衍生出来，成为“干洗店+集中收纳”中心，满足业主的各种生活需求。东塘1号更看重以特色社区运营来体现服务力。社区运营将围绕“社区教育是学校教育的延伸和家庭教育的补充”定位，以社区为平台和纽带，顺应“家庭、学校、社会共育”的大趋势，打造小科学家实验室。让业主的孩子在玩耍的过程中，形成独立思考、科学实验的思维习惯，提高社交情商，有利于孩子成为AI时代新型人才。此外，特色的老年互动活动中心也会针对老年人的生活习性、需求来营造关爱空间。多维度考虑，打造让全家人过上健康便捷的高品质幸福生活。

第四个维度是建立好邻居平台，寻找热爱家庭、追求幸福的人群。通过填写表格考察家庭背景，确保邻居具有正能量、婚恋情况正常且无犯罪记录。搭建线上线下的好邻居平台，促进邻居之间的交流与合作。线上通过邻居微信群进行交流、团购、买菜、组织活动、旅游等；线下将餐饮对内打造为会所，增加红酒、雪茄、喝茶、棋牌等服务，让邻居们经常一起吃饭、打牌、喝红酒、唱歌，增进感情，达到交流沟通的目的。俗话说，远亲不如近邻，在这样的顶级圈层里，邻里之间可以分享所需的资源，不限于医疗、教育、商业信息资源。所以说，选择东塘1号圈层，也是选择了一套会赚钱的房子。同时，制定邻居公约，规定业主在小区内要打招呼、握手，甚至可以借鉴西方的拥抱礼，将中华传统文化与西方文化相结合，营造和谐的社区氛围。

在谈到东西方文化差异时，喻春光分享了自己在德国的经历。德国员工因中方员工没有行拥抱礼而罢工，这让他深刻认识到人与人之间情感交流和身体接触的重要性。他希望在东塘1号小区里，能将这种文化融入其中，让业主们在这个社区里感受到真正的温暖和关怀。

企业家的智慧与担当

回忆起自己的成长经历，喻春光认为求学、在德国的工作、担任商会会长的经历以及地产开发的历程，都对他产生了深远的影响。父母是他一生中对他影响最大的人，父亲的认真和事业心、母亲的生意头脑，让他兼具了两种优秀的基因。此外，何继善院士对他的影响也很深远，何院士对事业追求的精神更是他学习的榜样。

谈到未来地产的发展，喻春光认为地产商业行为必须变革，要从传统的卖货模式转变为体验式消费，将交易放到线上。以自家的家美家居建材广场为例，思考如何变革，让商业变成一种体验感，满足消费者的需求。

虽然目前产业园区不被看好，但他认为县域经济是中国未来的重点。中国14亿人要发挥人口红利，必须在县域经济上做文章。他以德国的农庄为例，指出中国农村可以发展规模化的农庄，提高生产效率，让农民在县城就业，享受幸福家庭生活。喻春光认为中国人具有成为富豪的天然气质，只要勤奋努力，就能创造财富。但在发展过程中，要科学布局产业，避免大城市政策红利导致人口红利流失。

在当前房地产市场面临困境的情况下，喻春光在中央派调查组协调房地产融资时提出了三个建议：1. 降库存。政府应叫停建设低品质低质量的安置房、公租房等。收购库存房作为安置房和公租房等。2. 保消费。政府应加大软公共基础设施的投入与建设，即在社会保障、医疗、教育等方面加大投入。3. 鼓励房地产企业健康发展，扩大融资规模，降低融资成本，减少税收，并鼓励企业做好产品的同时积极走出国门去发展。

喻春光对房地产市场的前景抱有坚定的信念，我们似乎能透过他的目光感受市场的波动，看到这片热土上蕴藏的无限潜力。他认为湖南的房地产在不动产商会的推动下能够更健康、良性地发展。尽管当前面临价量齐跌的情况，但他相信长沙市政府会出台相应政策，商会也应发挥积极作用，为推动房地产健康发展发声。在他看来，湖南不仅是一片充满活力的土地，更是一个充满机遇的市场。他相信，随着经济的持续发展和城市化的不断推进，房地产市场必将迎来更加繁荣的明天。

在访谈中，喻春光展现出一位企业家的智慧与担当。他不仅关注房地产市场的发展，还经常深入思考社会问题，为行业的未来和社会的进步贡献自己的力量。对县域经济的看好，体现了他对中国未来发展的深刻洞察。喻春光认为，县域经济是中国未来的发展重点，能够发挥人口红利，让农民在县城就业，享受家庭幸福生活。这种关注社会底层、为百姓谋福祉的情怀，让人敬佩。

在面对房地产市场的困境时，他积极提出建议，希望政府能够采取措施，解决房地产市场的问题。他的建议不仅考虑了房地产企业的利益，更关注了老百姓的需求和社会的稳定。这种担当精神，是企业家应有的品质。

同时，喻春光在东塘 1 号项目中所展现出的创新理念和对品质的追求，为人们提供了更好的居住体验，也为行业树立了榜样。

本次访谈，让我们领略了喻春光的智慧和远见。他不仅是一位成功的地产企业家，更是一位对生活充满热爱、对社会充满责任感的引领者。他的故事将激励着我们在不断变化的时代中，保持从容不迫的心态，积极应对挑战，为创造更美好的生活而努力奋斗。最终，他还透露，东塘1号，这个承载着自己梦想的项目，很快要面世了。期待着这个项目能够成为长沙地产界的新传奇，为我们的生活带来更多的惊喜。

在未来的日子里，我们将怀揣着一份期待，期盼着更多的企业家能够像喻春光一样，以创新的火种和责任的重担为指引，为社会的进步添砖加瓦、贡献力量。

喻春光采访语录摘录

变革的惰性，这个概念听起来或许有些自相矛盾，但实则不然。它指的是在变革的浪潮中，人们往往因为习惯于现状而产生的抗拒心理。这是不是就像我们拿到这块地后，开始考虑东塘1号项目时的心境呢？我们怎么会想到去变革呢？是不是？

现在买房子从某种意义上说，是为了自己的生活和家庭生活，怎么让我们的家庭生活更加幸福、更加健康，便是我们所追求的了。

中国人讲一生幸不幸福，就看他的家庭是不是和睦。以前看的是，我挣多少钱哪？当多大的官哪？到最后，最大的幸福其实是家庭幸福美满。所以，我们要找的邻居，他应该是热爱家庭和生活的人，这个人群，我相信我能找到，并且为之搭建一个平台，远亲不如近邻。

邱则有

湖南省不动产商会轮值会长

湖南巨星投资集团董事长、总裁

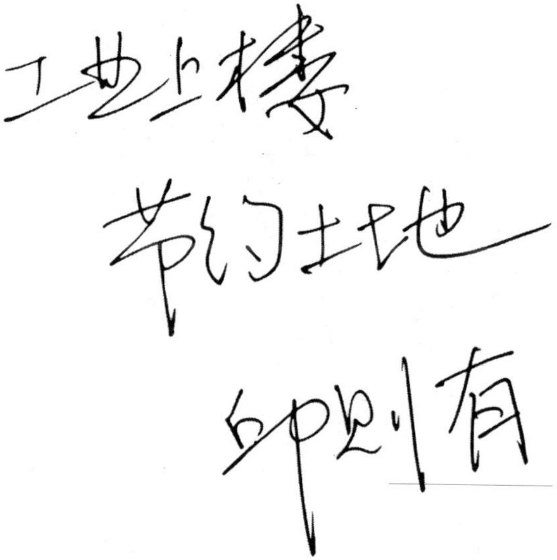
工业上楼
节约土地

主持人手记

邱则有，1962 年出生于湖南涟源，是一位杰出的企业家和发明家。他的故事是一段鼓舞人心的奋斗史。1984 年从沈阳建筑大学毕业后，邱则有被分配到湖南省建材研究设计院，从事技术研究和管理工作。然而，他不满足于现状，于 1995 年辞职下海，与妻子共同创立了长沙巨星轻质建材股份有限公司，专注于建筑新材料、新结构、新技术的研究和开发。

邱则有在建筑领域的贡献尤为突出，他创造性地发明了"现浇砼空心（GBF 高强复合薄壁管）无梁楼盖体系"，被誉为"中国空心楼盖产业之父"。他的科研成果不仅在国内领先，还达到了国际先进水平，为建筑行业带来了革命性的变化。

他在知识产权方面的成就同样令人瞩目。他申请了高达 7000 多件专利，其中发明专利 5000 余件，是国内申请发明专利最多的人，被誉为"中国专利第一人"。他的故事证明了，通过不懈努力，一个人可以为社会带来多么深远的影响。

让我们一同走进邱则有的世界，探索他的创新之路。

第三节　年轻人要有主动性，不断学习，适应并改造社会

邱则有　湖南巨星投资集团董事长、总裁

这位在技术与商业的广袤领域皆铸就出传奇成就的卓越人物，以他那深邃的智慧与丰富的人生阅历，为我们徐徐展开一幅充满无限可能与希望的创新画卷。我们怀着无比崇敬与期待的心情，荣幸地邀请“中国空心楼盖产业之父”、巨星集团董事长邱则有先生，共同开启一场启迪智慧的深度对话。

创业之路上的勇敢抉择

邱则有，他的名字恰似夜空中最为璀璨的星辰，谈到中国的专利专家，就绝对离不开这如雷贯耳的三个字。他所拥有的专利数量之多令人惊叹咋舌——高达 7000 多件，而授权

专利更是达到了 2000 多件，这一卓越成就，在全国范围内都极为罕见。

1995 年，一个注定被铭记的特殊年份，邱则有以无畏的勇气毅然决然地下海创业。在此之前，他在体制内默默耕耘，专注于建材研究领域，在那段漫长的岁月里，他积累了丰富的经验，以非凡的才华与智慧，成为研究院最年轻的研究员。那几十年的科研工作，宛如一块坚实无比的基石，成为他迈向成功的关键起点。

当谈及下海创业的契机时，邱则有眼中闪烁着感慨万千的光芒。在研究院工作到一定年限后，他敏锐地察觉到纯国有体制中存在的一些局限性。因此，在他的内心深处，那团用自己技术创造更大舞台的火焰炽热而强烈，驱使着他勇敢地迈出了关键的一步。“做技术的人做营销不一定行，但我以技术为根基，创立了自己的公司”，邱则有坚定有力的话语，仿佛让我们感受到他当时的果敢与决绝。作为一名技术员踏入充满挑战的市场，其难度可想而知。然而，他凭借着对技术的执着追求和对市场的敏锐洞察，稳步前行，面对困难与挑战，都不曾退缩，犹如一位高明的棋手，在复杂的局势中巧妙布局，走出一步又一步精彩的棋路，最终站稳了脚跟。

邱则有的第一个项目——轻质墙板，为他的创业旅程带来了第一缕耀眼的光芒。这个项目的诞生，源于他对市场需求的精准把握和对国家政策的深刻理解。“国家长期以来依赖传统的水泥和烧砖工艺，这一过程往往以农村土壤为原料，对环境造成了严重的负面影响。尽管政府有意禁止这种做法，但由于缺乏有效的替代方案，禁令一直难以实施。如果我能成功开发出一种创新的替代材料，那么我就能够占领市场，并且为环境保护作出贡献”，邱则有回忆起当初的决策，话语中充满了自信。随后一年，他便做出了三四万平方米的轻质墙板，这不仅仅是一个数字，更是辛勤努力的结晶。长沙市还专门出台政策，在建材、框架结构中大力推行他的产品。这一成功，如同一场及时雨，也让他深刻地认识到，当企业的产品方向与国家意志、社会发展方向完美契合时，广阔的市场就会热情地迎接你的到来，为你展开一片充满机遇的新天地。

湖南国际金融大厦的建设需求，成为邱则有创造新市场的契机。这座大厦需要高品质的建筑结构，期望在结构中间做成一块平板，把梁去掉。那时，这样的技术还未曾出现。然而，邱则有巧妙地“撮合”了一系列的技术，成功地开发出空心楼盖。这不仅是技术的胜利，更是他再一次对国家政策和市场趋势精准把握的结果。随后，空心楼盖技术得到了国家的重点支持，还将其用于国家的重点推广项目。如今，空心楼盖已经走过了二十几年的历程，在全国范围内广泛推广开来，形成了一个完整而强大的产业链。每一个环节都凝聚着邱则有的智慧和汗水，每一个成就都见证着他的不懈努力。

“开发出一个没有的东西，你就创造一个市场”。邱则有用自己的实际行动，完美地诠释了这句话的深刻真谛。他就像一位勇敢的开拓者，为行业的发展开辟出一片又一片崭新的天地。

工业上楼的创新壮举

如今，邱则有正站在人生的第三段创业征程上——工业上楼。在他那深邃如湖水般的目光中，我们看到了他对未来工业发展的清晰洞察和坚定信念。在他看来，工业厂房多为单层钢结构，占用大量土地资源，容积率和建筑密度偏低，导致单位面积的产值和税收效率不高。过去，政府有足够的资金和土地资源，且工业用地价格低廉，依赖税收足以支持发展。但现在，土地财政模式已不再可行，地方政府既要发展工业，又面临财政压力，这是一个亟待解决的矛盾。

“在这种形势下工业发展的需求如何满足？我们的解决方案是‘工业上楼’。传统的单层或多层标准化厂房已不足以应对挑战。我们提出了一个创新的构想：如果能够将每一层都设计得如同首层一样实用，比如在100米的高度内建造20层厂房，那么一亩土地的利用效率就能提高22倍。这将使产值和税收增加22倍，相应地，政府的财政支持和前期补贴需求也会大幅减少，从全额补贴变为二十二分之一，这对政府来说无疑也是个好消息。”邱则有详细地阐述着工业上楼的宏伟理念，每一个字都仿佛是一颗希望的种子，孕育着无限的可能。

然而，实现这一构想并非易事，其将面临诸多艰巨的技术难题，如承重、大跨度、高层建筑的要求，以及满足车辆通行和抗震等一系列苛刻的要求，这些都是不容小觑的难题。邱则有的目标是将95%以上的工业门类搬上楼层，甚至能够容纳200吨以下的设备和重型卡车。邱则有强调，工业上楼的装配式建筑具有显著特点。主体结构全装配，实现了除现浇层以外其他都是装配式的宏伟目标，装配率高达95%以上。这种建筑方式成功地解决了施工建设周期的效率低问题，同时，他们采用建筑信息模型进行正向设计，实现了智能制造和全生命周期的信息化管理。每一个细节都经过精心设计，每一个环节都充满了创新的力量。

“从传统的建造方式到现在自然化的建造方式，我们实现了巨大的转变。全生命周期一直到工业上楼，进来以后水在哪里？管道在哪里？电线在哪里？我的建筑模型里面都有，你就可以知晓我这个工厂里适合哪些行业？它的排风量是多少？排烟量多少，等等。”邱则有自豪地介绍着他们的创新成果，他认为，做技术的人要将技术做到极致，不断进行替代式创新。

“当你拥有一大堆专利以后，别人想突破这张网是很难的。过一个栏杆很容易，跨过去，钻过去都可以，但想要突破多层网会很难。”邱则有形象地比喻道，让我们深刻地感受到他在技术创新领域的深思熟虑和高瞻远瞩。他还强调，技术创新要敢于跨界、勇于交叉，任何领域的创新都可以应用到不同领域，碰撞出绚丽的火花。同时，技术创新要紧密符合社会发展方向，不能仅仅追求技术的先进性，还要充分考虑成本、市场等实际因素。只有这样，才能真正实现技术创新的价值，为企业和社会带来实实在在的利益。

每一次的创新尝试，都是一次对未知的探索，都是一次对未来的投资。

失败的惨痛教训与成功的宝贵经验

尽管邱则有在众多领域取得了令人瞩目的成就，但在新能源行业，他遭遇了一次严峻的挑战。这些挑战考验了他的适应能力和解决问题的能力，同时也提醒他在追求创新和进步的道路上，风险和不确定性是不可避免的。他曾荣获湖南省独有的动力电池牌照，并被纳入工业和信息化部的白名单，掌握着如三分钟超级快充、低温电池等尖端技术，这些成就一度让他满怀自信与骄傲。

然而，命运的逆转出乎意料地降临，合作伙伴车厂的突然破产将他推向了前所未有的困境，造成了巨大的经济损失。“当行业热潮涌现，国家政策大力支持，大量资金纷纷涌入时，即使我拥有卓越的技术实力，也难以与市场的热潮相抗衡。就像俗语所说，即便是猪，在风暴中也能暂时飞翔，但一旦风暴平息，那些无法自我支撑的终究会坠落。”邱则有深刻地总结了这次失败的教训，他的话语中充满了对市场风云变幻的感慨和对未来的审慎思考。

失败并没有让他气馁，反而成为他前进的动力。他从新能源领域的失败中获得了宝贵经验，转而投入装配式工业上楼项目中。他以严谨的态度进行了严格的压力测试，模拟在没有政策支持的情况下，能否成功建设工业上楼项目。这一过程，如同一场艰苦的战役，考验着他的决心和智慧。最终，他发现即使在最严苛的市场环境下，他们的工业上楼技术依然具有强大的竞争力。

“我们的成本控制能力远超同行业，即便竞争对手将成本压缩至接近亏损线的 60%，我们依然能够保持成本优势。通过优化人力资源配置，我们成功减少了员工数量；通过提高运营效率，我们将公共资源消耗降低了 10%。此外，通过创新和改进施工方法，我们的周转材料，如模板和架管的使用，大幅减少了 90% 以上。这些都是我们通过精益管理实现的成本削减。”邱则有的话语中充满了对自己团队创新成果的肯定和对未来的信心。

给年轻人的珍贵建议

对于刚毕业的大学生，邱则有给出了一些自己的建议。他说：“如果是学建筑行业的，建议继续保留自己的专业选择。要以学习、适应、改造的心态对待工作，勇敢地从被动人生转变为主动人生。年轻人要敢于给自己定下明确的目标，不断努力实现一个个小目标，积极适应和改变社会，在成就自己的同时也成就他人。”邱则有语重心长地接着说道：“先去适应它，再去改造它，你就有可能得到大的发展。当你改造这个行业、改造这个社会、改造这个部门，进而改造和影响这个公司，你就成功了，你就主动了，你的人生也能牢牢地掌握在自己手上。”每一个字都充满了对年轻人的期望和鼓励。

展望未来，邱则有认为，新材料和新建筑工业化，特别是智能制造和智能建造，是国家发展的必然方向。他笑言：“希望大家都能成为引领社会，引领这个行业发展的某一个小方向的人。你不可能引领全部，某一方向你引领到位就成功了，而不是被别人拍死在沙滩上。”这个行业如同汹涌的海浪，不断淘汰旧产业，兴起新产业，做螺旋式上升。他希望大家都能成为引领社会和行业发展的人，不要被时代的浪潮推着走，而要勇敢地做引领者。这句话如同温暖的阳光，洒在每一个人的心田，激励着我们在人生的道路上不断前行。

邱则有的创业历程和人生感悟，为我们提供了无穷的启示和动力。在这个充满机遇和挑战的时代，我们要以这位企业家为榜样，勇敢地踏上创新之路，成为引领社会发展的人。

邱则有采访语录摘录

追求的过程一定是正向的。从“空心楼盖”到“工业上楼”，我一直钻研，其中不被时代浪潮所击倒的核心竞争力在于“创新”，这也是能成为行业领跑者的关键。

过去没有的生产力，我们就创立一个新的东西，因为我就喜欢做创新又能应用的东西。从设计的思维、建造的思维、加工的思维，直到全链条的这个运营都是新的。

在工作中我和我夫人还是会吵架的，因为要解决问题。我很强势，基本上考虑成熟以后才会有所动作。有失败的时候，但是失败的次数相对会少一点，做任何事情都是有可能失败的，不断地摸索，成功的概率就高了嘛。

其实人啊，把工作当娱乐，就很爽。很多事情做到玩家的境界，就很好玩了。把研发、产业化当作游戏，跟无数人竞争，之后你会比别人更优秀、更强，那种感觉是不一样的，站在山巅上看山下完全是两码事。

心态篇 Chapter 02

变中寻机　顺应大势

季节在轮换，社会在更新，没有什么是一成不变的，若是“守株待兔”般不知变通，我们终将一无所有。只有了解并顺应时代的发展潮流，紧跟行业和社会的发展趋势，灵活应对变化，敢于创新和突破，才能在时间的齿轮中抓住每一个机遇。在这个不断变化的世界里，让我们勇敢地迈出每一步，去创造属于自己的精彩人生。

傅　波

湖南省不动产商会轮值会长

湖南理想国文化旅游开发有限公司创始人、董事长

中國梦

理想國

——傅[illegible]

2024.8.25.

主持人手记

理想主义的傅波似乎永远年轻，作为一个执着于“理想”的极致主义新湘商，“坚持”是他人生字典中最重要的一页。在他的坚持下，一个世界级旅游目的地——铜官窑古镇成功诞生；在他的坚持下，新华联梦想城成就了无数人的居住理想，140 万平方米的泛文旅综合体，被他打造成长沙网红神盘、商业标杆。

畅谈地产情怀与人生理想，淡定与从容间尽显傅波的睿智与豁达。他有着谦谦君子的温润如玉，也有着赏罚分明的老板气场。整个访谈过程中，没有正襟危坐，没有沉闷严肃，有的只是他的满满激情，滔滔不绝地谈论着他的产品与理想。

如今，面对地产行业下行，他正积极打造“理想国”文旅，主导投资了望城长沙铜官窑森林谷（占地1000 亩）、平江连云山高山康养度假区（占地 2 万亩）等大型“农文旅康”项目，而出海非洲，背后又蕴含怎样的商业洞察？

第一节 “不出海，就出局”？内卷不动就卷到国外去

傅　波　湖南理想国文化旅游开发有限公司创始人、董事长

在一个微风轻柔得仿佛天使抚摩的日子里，我们怀揣着满心欢喜与湖南省不动产商会轮值会长、新华联梦想城的卓越操盘者以及理想国文旅的创始人傅波先生，展开了一场心潮澎湃的访谈。傅波先生为我们清晰而又生动地揭示了不动产行业在当前云谲波诡的形势下，必然要走的转型之路。

不动产行业的现状与挑战

当前的地产形势实在是不容乐观，甚至可以说是严峻，仿佛一座高不可攀、巍峨险峻的巨大山峰矗立在众多地产企业以及兢兢业业、勤勤恳恳的从业人员前行的道路上。傅波在正式采访前直言：“现在地产的路在哪里？怎么转型？我有

一些想法，希望跟大家分享一下。”

以长沙这座充满蓬勃活力与无限魅力的城市为例，当被问及房地产对老百姓的吸引力正逐渐降低，无论是商业地产，还是产业园区都举步维艰，彼时，傅波却以毫不动摇的口吻说道：“其实要一分为二地看，房地产我觉得是可以做，并且很有市场的。”他坚定地认为房地产行业绝非没有出路，而是迫切需要一场脱胎换骨、翻天覆地的转型。他以自己在春节期间前往纽约的经历为例，生动地指出，即使在美国这样房地产行业高度发达、竞争激烈的国家，依然存在着诸多意想不到的机会。

傅波强调，我们一方面要坚定不移地拥护中央的政策调控。相关数据显示，目前国内有 6 亿栋楼，如果一栋楼住 10 个人，就能住 60 亿人，但现实中不可能一栋楼只住 10 个人，所以这些调控是必然且正确的，就如同在大海中航行的船只需要灯塔的指引，政策调整定能为行业的发展指明方向。另一方面，地产人仍然拥有机会，比如长沙的运达集团，其大平层项目销售业绩令人瞩目，这充分说明房地产的需求依然切实存在，只是需要我们用心去挖掘和发现。

2024 年全国两会提出的新质生产力为房地产行业的转型提供了明确而又清晰的方向，包括习近平总书记来长沙考察，现代化的中国我们要怎样去建设？傅波认为，转型有三个方向：新的基建、新的制造、新的消费。他提到多年前新华联集团向文旅的转型之路，那是一场充满勇气和决心的探索之旅，当时重资产投入较多，如同背负着沉重的行囊艰难前行，但现在他更加关注新消费领域，例如，农、文、旅、康完美结合的乡村振兴项目。这些项目就像一颗颗充满希望、生机勃勃的种子，等待着在合适的土地上生根发芽。他满怀憧憬地计划在长沙县、望城落地一两个这样的项目，并积极考虑在海南、长三角、珠三角等地拓展避暑或避寒项目，为人们提供更多的美好生活的选择。

“转型方面，我觉得大家可以去浙江学习‘千村示范　万村整治’工程的经验，他们在农文旅项目方面做得非常超前”，傅波严肃又认真地说着。他认为如果做文旅还用国有建设用地，那么就属于房地产了，又回到了当年华侨城开发的老思路。江浙一带在土地使用上大胆创新，采用点状供地和集体建设用地，这就像在一片未知的领域开辟出一条全新的道路，充满了挑战与机遇。他也提到，如果不跨界，仍然专注于房地产领域，可以尝试做泛文旅项目，将文、旅、商巧妙结合；用心做好历史街区的运营，让那些古老的街道焕发出新的生机与活力。傅波以自己亲自操盘的新华联梦想城为例，该项目成功引进了海底捞、火宫殿、肯德基等知名餐饮品牌，并迅速成为当地的商业中心，无疑是一个极为成功的泛文旅项目。

创新驱动下的“商旅”新篇章

对于很多商业地产开发商来说，商业和文旅似乎是两个截然不同的概念，但傅波却有着不一样的视角，在当前人们既追求乡村郊区的宁静闲适，又对城市 CBD 商圈的精彩生活有着较高要求的情况下，商业与文旅的融合已是不可阻挡的必然趋势。他以新华联梦想城项目为例，详细阐述了在城市中做泛文旅的可行性，强调了单纯做住宅地产已毫无出路，必须紧密结合文旅和商业，才能在激烈的市场竞争中脱颖而出。他是“泛文旅”创业理念的坚定践行者，当下乡村旅游虽然整体投资较小，处于初级发展阶段，但正因如此才蕴含着巨大的机会，充满了神秘与诱惑。

尽管乡村文旅整体处于发展中阶段，但是仍然有已经做得很好的地方，他又一次提到江浙一带，那里的乡村旅游发展得极为出色。如莫干山的康养度假项目，价格昂贵却依然深受欢迎，好似夜空中最亮的星吸引着人们的目光。他希望将乡村文旅做得更高端一些，打造出适合老年人康养、贴近自然，同时能留住小孩子和年轻人的样板项目，为乡村振兴贡献自己的力量。

在乡村文旅发展过程中，人造的东西和自然风光之间的平衡尤其重要。傅波表示，这需要在设计规划方面狠下功夫，精心雕琢每一个细节，像长沙这样拥有独特自然资源的山水洲城，如何做到完美平衡是一个关键问题，他热切地希望之后能做出一个样板项目，并让大众亲自去实地感受，体验这种大自然与人类智慧完美融合之美。

当访谈者问到长沙的泛文旅情况究竟如何时，傅波认为城市里的商业已经过剩，就像一个装满水的杯子，再也无法容纳更多的水。他建议顺应潮流，勇敢地到广阔的农村土地上去大力发展乡村旅游和乡村振兴项目。而在城市里可以做小项目，精心打造成精品，把服务做到极致，依托水系来发展泛文旅的商业综合体。

转型发展选项之一

在各行各业内卷时，傅波发现了一个新的赛道，于 2024

年成立了一家酒业公司——湖南理想国酒业有限公司。为什么会选这个行业？第一，因为新华联集团有做酒的经验。从20世纪90年代金六福开始，至今酒业板块已有两家上市公司。第二，白酒尤其是酱香型酒不会过期，而且会升值，是一个很好的商品。可以参考日本经济最萧条的时候，酒的销售反而很好。

他正在计划打造一家酒类平台企业，拟三年后在美国纳斯达克上市。让中国白酒走向世界，让世界爱上中国白酒。

出海拥抱全球化市场的新战略

国内房地产行业竞争异常激烈，如同一场没有硝烟的战争，残酷而又充满挑战。傅波认为出海是一种极具潜力的转型方式，他以自己为例，讲述了自己参加企业家出海论坛后的深刻感悟。他选择非洲作为出海考察的目的地，那是一片充满神秘的土地，等待着人们去探索和开发。他感恩党和国家的“一带一路”倡议，让他发现非洲的房地产市场刚刚起步，有着众多的机会等待挖掘。同时，他也提醒大家，非洲并非遍地黄金，要深耕一个地方，用心做品牌，坚持长期主义，才能在非洲市场站稳脚跟。

对于地产人来说，转型的方向如同一片绚丽多彩的花海，让人眼花缭乱。傅波建议地产人在战略层面，要谨慎选择适合自己的行业转型，不熟悉的领域不要轻易尝试。他提到新质生产力中的高科技领域和“农文旅康”的新消费领域都是值得高度关注的方向，即使是转型也还是做跟行业相关的开发会比较好。无论是出海还是在国内发展，都需要在一个地方深耕细作。

就像国内虽然“卷”，但河南的一个企业在几个县城中把服务和物业管理做到极致，照样赢得了良好的口碑。

在访谈的最后，傅波先生语重心长地强调，只有顺应潮流、拓宽思路、紧跟中央、转型升级、赶紧出海，我们才能找到机会，创造非凡。这场访谈，让我们对这个行业的转型充满了无限的期待。

傅波采访语录摘录

不出海，就出局。

不管是国际还是国内，关键是如何从夹缝里找到机会，我觉得人不会憋死，只要去发现去寻找，都有适合自己转型的路，适合自己发展的思路。

大家评价的“完美主义”，其实既有褒义，也有贬义的成分。我理解的“完美”就是我们做一件事要执着，更贴切一点说是极致。一件事情就是要做到极致，才会对得起自己的良心。

颜跃进

湖南省不动产商会副会长

智埔国际建设集团有限公司董事长、总裁

苟日新

日日新

辉光日新

[illegible]

2024.8.23

主持人手记

颜跃进，1982 年毕业于湖南大学土木系，毕业后担任大学辅导员，后又进入政府机关。可就是这样一个“铁饭碗”，颜跃进却在那个时代毅然放弃，转身投入商业浪潮。他说，那时的梦想，一是成为一个纳税人，二是拥有自己的团队。果不其然，后来的他都做到了。

2005 年，他创办智埔国际建设集团有限公司并担任总裁，承揽 EPC 和全过程工程咨询（资质全甲）业务，其中招采业务进入全国百强，其本人更是于 2019 年被评为行业领军人物做客 CCTV 对话姚雪松。

闲暇之余，他专心造诣于自己的书法爱好，与著名书法家颜家龙合作创办湖南省真卿书画院并担任院长，与萧有凯合作创作《吊脚土楼入云霄》，并走进了法国巴黎卢浮宫国际艺术展和“一带一路”国际艺术巡展匈牙利展，被中国胡润国际艺术品鉴定中心评定为“2023 年中国最具价值艺术家百强榜入围者”。

这样一位成功的企业家，却形容自己只是“稀里糊涂”、随心任性地在过这一生。和颜跃进坐在一起，主持人仿佛看到了儿时那位乐观有趣又循循善诱的启蒙老师，他永远带着上扬的嘴角和愉悦的心情，眼神里带着鼓励，领着我们去探索未知的星空与神秘的世界。

第二节　逆风局

——从体制内走向创业

颜跃进　智埔国际建设集团有限公司董事长、总裁

在访谈开始前，颜跃进满怀感慨地表示，自己作为湖南省不动产商会的老会员，已经很多年了。他对商会充满了深厚的感情，非常喜欢这个平台，并表示很开心能有这样的机会，向大家分享自己的体会与感悟。

面对内卷与下行周期的应对策略

主持人提到湖南省不动产商会在发展的历程中，早期是以开发商为核心的单位。然而，随着时间的推移，如今供应商越来越成为商会重要的发展会员体系。在房地产开发的过程中，开发商扮演着整合、创意设计、资金掌控以及项目全盘把控的总包角色。但是，在技术层面、细节层面以及管控

层面等诸多方面，很多时候还是需要依赖供应商作为技术前进的主要推动力量。颜跃进对此深表认同，他强调供应商确实是房地产行业的密切合作者。他们公司从前期的调研策划，到可行性研究，再到国土空间规划，以及后续的设计、造价、工程监理和项目管理等各个环节，都拥有甲级资质，全方位地为房地产企业提供服务。颜跃进表示，尽管在这个过程中所赚取的利润并不是特别丰厚，但是他们所发挥的作用却是至关重要的。任何一个房地产开发商，即便拥有最好的理念，也需要通过精心的设计才能够将其完美地展现出来。然而，作为设计方，不能仅仅是简单地做一个搬运工，也不能只是机械地将业主的一些想法简单地去实现；要有整合各种资源的能力，并且要为开发商提供更加优质的服务，让项目不但能顺利地达成预期目标，甚至能够超越预期。颜跃进直言："这里面的创新是非常重要的一个要素，没有一个楼盘是一成不变的，照搬更是不可能存在的。"

对于公司的发展历程，颜跃进详细地介绍道，公司于2005年成立，并在成立之初，就明确了要以提供综合性服务作为公司发展的方向。在公司成立后的短短五六年的时间里，他们就凭借着不懈的努力和卓越的实力，取得了七八个甲级资质。但是，随着时代的发展，现在有一些甲级资质国家已经不再审批，也取消了。因而，他们积极地从资质时代向品牌时代过渡，努力用自己的品牌去赢得市场。比如，在好多年以前，他们就把“湖南智埔”改变成“智埔国际”。现在，不管是哪一个业务板块，都是以“智埔国际”的名义出现，并致力于把“智埔国际”四个字打造成他们的核心品牌。如今，在招标采购行业，他们公司已经跻身全国百强之列，在湖南省也是名列前茅。当然，业务量仅仅能够表现出他们所提供服务的数量，并不能完全代表服务水平。在这个行业中，服务水平没有最好，只有更好。所以，他们一直在不断地追求更高质量的服务，始终在努力提升自己的专业水平。

谈到资质问题时，颜跃进深入地分析道，资质这个问题确实是具有中国特色的。中国在初期全盘照搬了苏联的体系，后来一直到 20 世纪 90 年代，才开始向英美体系过渡。所以，现在中国的一些规范，比如，钢筋混凝土结构的规范，按照苏联的方式，是采取允许应力法，而英美则是极限应力模式。颜跃进认为，如果要与国际接轨，未来设计资质都不一定会有等级之分，现在施工资质也不一定非要有等级之分。他侃侃而谈：“未来的发展趋势可能是看你做过哪些项目，你会做哪些事情？比如，你做一个 20 亿元的项目，你有多少资金来做保证？你有多少技术力量来做保证？将来可能会朝着这个方向去发展，不能老是看不到将来的发展趋势，否则当市场发生变化的时候，就会陷入慌张。”所以，他非常清楚地认识到要与国际接轨的趋向，即更加注重打造品牌，确保不让自己服务的项目出现问题，以高质量的服务赢得市场。

与开发商合作，咨询单位的作用至关重要，因为他们能解决开发过程中遇到的各种问题。智埔之所以能够成为一些老客户的首选合作伙伴，是因为在监理等环节，他们能够及时提出改进意见，帮助节约成本和优化功能，从而赢得客户的信任和依赖。这种良好的服务使得智埔拥有稳定的业务来源，尽管如此，面对市场变化，他们也在努力开拓新业务并寻求创新。

国际化视野与本土智慧的结合

关于与国际接轨的话题，主持人提到了出海的问题。颜跃进分享了他们公司在不同国家开展业务的丰富经验。在印度尼西亚开展业务的时候，就必须使用当地的标准和规范。但是，印度尼西亚有一个不成文的规则，就是四层以下的建筑是不需要报建的。在不报建的情况下，只要业主没有要求，那么使用中国规范也是可以实施的，甚至不翻译成英文都没有问题。但是，如果建筑是四层以上，就需要报建，并且要按照当地的要求和规范来进行。在尼泊尔，情况又有所不同，那里不管是什么设计院，也不管有没有甲级、乙级的级别之分，只要有本国的注册建筑师签字，报建就可以完成。而在非洲的一些国家，他们对中国规范非常认可，只要是用中国规范做的事情，都予以认可。颜跃进认为，各个国家的情况都各不相同，虽然他对英美等西方国家的情况还不是很了解，没有发言权，但是他觉得如果要“走出去”，确实是要熟悉当地的要求，在开展业务之前进行充分的调研，才能够更好地融入国外，这样才能在国际业务中拥有足够的自信。

接着，主持人询问颜跃进个人的咨询经历。颜跃进回忆道，他毕业于湖南大学土木系。一开始，他在学校里面做辅导员，做了两年之后，又跑到长沙市做政工工作。但是后来，他觉得做政工并不是自己兴趣范围内的事情，还是做点与自己专业对口的事情更好。于是，他从体制里面出来，创办了设计公司和监理公司。2005 年，成立了智埔，以招标代理和监理为主营业务。近几年，他们公司与张家界规划建筑设计院合并，合并后取得了国土空间规划以及建筑设计方面的资质。颜跃进表示，2024 年第一季度财务状况就已经比上年减少了 30%，如果按照他们以前的业态发展下去，只做传统业务，他们公司很快就会面临倒闭的风险。因此，现在公司主要有两条发展线，一条线是全过程工程咨询，从可行性研究到审计以及防震、防洪等各种报告；另一条线就是做规划设计以及建筑设计，做造价分析、招标投标、项目管理等。其中，项目管理就包括监理，即质量管理、安全管理、进度管理、环境管理等，以及协调所有在建的单位和外面的协调单位，协调各个参建单位之间的关系，这些都是他们监理的工作。所以，智埔在全过程咨询方面，基本上各个板块都已经涵盖。他们也拥有二级资质，在 EPC 方面有专门的团队，并且在一些项目中，还会帮忙融资，采用“F+EPC+O”的模式，通过整合一些团队来给客户提供全方位的服务。颜跃进分享了最近在光伏业务领域，帮客户争取到一些投资和运营，为企业提供“一篮子”的服务。他们现在也在努力探索“走出去”的道路，最近两年，颜跃进跑了几个国家，在尼泊尔，正在争取落地一个产业园；在非洲，签订了一些经济适用房的合同。他表示准备做一些项目来积累经验，为公司谋求新的发展。

关于品牌问题，颜跃进认为这是一个综合性的问题。人们最先通过认知来了解品牌，比如，听到“智埔国际”这个企业的名字，会有先入为主的印象，这也是品牌效应的体现。他们可以通过广告来宣传自己，但更重要的是做好该做的事情，就会有好口碑。当主持人问颜跃进更愿意在体制内工作还是做企业家时，他表示，现在已经做了自己喜欢的事，实现了做纳税人、拥有团队的愿望。虽然公司不算特别成功，但团队和谐，正常发展就够了。颜跃进喜欢写字和参加艺术活动，他准备在湖南挂牌建立海外产业孵化基地，为想“走出去”的企业提供机会和服务，因为现在不“走出去”就会出局，他也感慨自己的生活压力，要为公司谋发展，为员工发工资，寻求新出路。

在设计板块，智埔尤其注重文创和旅游项目。特别是在推进“和美乡村”建设的过程中，这类乡村项目数量颇多。目前智埔已与多家大型农业企业建立了战略合作伙伴关系，跟随这些企业的开发步伐，共同前进。由于农业开发项目的复杂性，许多项目的成功率并不高，问题主要出在运营环节。颜跃进分享道：“最近，有一个县邀请我们的设计团队参与项目设计。但团队认为，如果没有明确的运营方案，即使设计做得再好，项目也可能成为烂尾工程。特别是在文化创意和旅游项目中，必须让运营先行一步。我们公司现在主张在项目没有明确的运营计划时，不轻易承接设计工作，我们宁愿放弃设计费，也不愿给客户带来麻烦。”

颜跃进还分享了他与一个专门处理破产重组的律师团队的合作想法。他提到，这个律师团队曾找他做监理或其他工作，并询问他是否有兴趣投标。他向律师团队提出了一些问题，比如，是否从一开始就设计好了破产重组方案，以及是否有整合资源的报告。律师团队回答说，有些有，有些没有。颜跃进认为，他们的业务与自己公司的对接是非常理想的。因为在接到破产重组的案子后，可以请他们公司进行调研，了解项目是资不抵债还是资产可以盘活，以及哪个方向能够挽救楼盘。“破产重组”的重点不在于“破产”，而在于“重组”。如果重组得当，项目可以发挥更大的作用，那么等待分财产的人就能享受更好的经济利益。因此，他与律师团队讨论了建立战略合作关系的可能性。只要律师团队拿到案子，他们公司就可以参与前期工作，探索如何使项目达到最佳的重组效果。颜跃进强调，合作是永恒的主题，首先不要谈论金钱，而是要谈论如何让对方获得最大的效益，其次通过对方的成功，让自己的公司也得到应有的回报。

颜跃进介绍道，公司拥有1000多名员工，涉及数千人的生计，特别是公司最近正在进行整合，因此他深感责任重大。他还邀请了世界500强企业中几位刚刚退休的副总裁，为公司进行法人治理。他认为在公司整合的过程中，做好公司的顶层设计和绩效，才能够发展得更强劲。

前段时间，颜跃进体会到世界500强企业也是要经历阵痛的一个过程。他朋友所在的企业开始时有几万人，长期发不出工资，因为人员太多了。于是，他们采取了“三项行动”的改革模式，即劳动、人事和工资的改革。在劳动方面，打破“铁饭碗”，把不必要的岗位全部去掉，然后对岗位定员定责，达不到要求的马上淘汰。在人事方面，厅级干部去当区长也是常态。你必须服从，不服从就没饭碗了。在工资方面，重绩效，重岗位。比如，他们的处级干部可以比厅级干部的工资高。工资问题一改革，让这个企业一下子就从一两年的阵痛期走向了正轨。颜跃进觉得他们的经验非常好，他反思，认为自己的公司在绩效考核方面做得还远远不够，于是通过整合解决资质问题、板块问题以及公司法人治理问题等，公司的品牌形象得到很大提升。

颜跃进带领智埔国际在工程咨询领域的探索和实践，为我们展示了一条不断创新、适应时代变化的企业发展之路。他的经历告诉我们，只有不断创新、勇于变革、善于管理的企业，才能在激烈的市场竞争中立于不败之地。

颜跃进采访语录摘录

人哪，一辈子是很短的时间。

我为什么要从体制内出来呢？我是想要做一点自己喜欢的事情，我办企业，虽然没有办得多好，但是我也实现了自己的愿望。一是能够做一个纳税人，二是我希望有个自己的团队，那么现在来讲，我都实现了。

我最喜欢的就是写点字画，虽然卖不了钱，但在这个艺术领域我也得到了很多的乐趣。

可是一回过头来，哦，明天还要发工资，1000 多人的工资，所以我还得做生意，还得去寻求出路。

正儿八经的生活就是太现实了，所以我们回归到本源，回归到我们的吃喝拉撒，回归到我们要让大家能够有生存的空间。

赵勇

湖南省不动产商会副会长

湖南建工置业投资有限公司总经理

用实际行动来证明自己的每个设想都是可以实现的。

赵勇

主持人手记

赵勇，湖南衡阳人，标准的85后。

2007年毕业于湖南工学院，建筑工程造价管理专业，现为复旦大学工商管理学院EMBA研究生。2016年调任至湖南建工置业投资有限公司，从工程总监、常务副总等职位逐步晋升。2022年开始担任湖南建工置业投资有限公司执行董事、总经理，负责建投·象山国际90万平方米山地高品质楼盘的开发建设工作。

在与他交谈的过程中，我感受到了他那种不满足于现状、渴望超越的强烈欲望。他是个有目标、有计划、有追求的人，眼神中闪烁着坚定的光芒，仿佛能看到他心中的蓝图正在一点点变成现实。不断挑战自我，不断追求卓越，这种积极的态度也感染着周围的人。同时，他展现出的同理心和耐心，让交流变得轻松愉快。

赵勇说项目是自己的简历，他要用心去把简历做到最好。这意味着他将个人的声誉与项目的成功紧密相连，这种责任感和使命感让人对建投·象山国际的未来发展充满信心。

第三节　人的一生都在为认知“买单”

赵　勇　湖南建工置业投资有限公司总经理

在不动产行业的浩瀚画卷中，赵勇以其独特的风采和卓越的表现，勾勒出一页令人瞩目的篇章。他的故事，每一笔每一画都蕴含着汗水与泪水，展现了他不畏艰难、勇往直前的精神，鼓励着大家去勇敢地追求自己的梦想和目标。

初心不与年俱老，奋斗永似少年时

主持人与赵勇的缘分，可谓历经波折。2023 年整整一年，赵勇总是奔赴在学习的路途上，甚至这一期的访谈也是经过多次邀约，才最终敲定时间。原来，赵勇一直在攻读上海复旦大学 EMBA，如今顺利毕业，实在令人欣喜与敬佩。主持人满怀好奇，询问着他攻读硕士的初衷。

赵勇出身于农村，童年时期并未意识学习的重要性，也没有全身心投入读书。直至高中，他才猛然意识到学习对自己的重大意义。然而，严重偏科导致他仅考上一所普通大学。那时，家庭经济条件有限，毕业后他便急于参加工作为家庭减轻负担。但随着工作时间的推移，赵勇渐渐感到自己的认知受到了局限，迫切需要更大程度地提升自我。于是，他怀揣着对知识的渴望，萌生了继续学习的念头，渴望再次走进校园，探寻那些成功人士的思维逻辑，了解他们在功成名就后为何依然坚持学习。带着这样的憧憬，赵勇准备了整整两年的时间。

这两年，他如同在校学生，系统地准备考试，还自费在培训机构接受了专业培训。可惜的是，由于英语成绩不理想，第一年考试未能如愿。他直言："我不属于天赋型的选手，不像那些能够迅速吸收知识的人。我更像是龟兔赛跑里的乌龟，需要一步一步，慢慢地不停地向终点跑去。就这样，我整整花了两年的时间，考上了复旦大学。"

攻读硕士学位期间，赵勇每月都会抽出四天的时间，在校内全身心地投入学习。也因此结识了很多新同学，犹如开启了一扇新的智慧之门，极大地提升了他的思维和认知。"我觉得在复旦大学最大的收获就是提高了自己的认知，在跟同学交流的过程中，他们所谈及的人文、管理等方面的经验正是我想要学习的。再者，像以前我坐在镜头前，可能会非常紧张，因为没有出镜的经验，但是现在直播很流行，那我就应该去尝试，去接受这种社会所需要的新模式，复旦大学教会我们勇敢地去突破自己。”赵勇深知，每个人都有自己能够达到的顶峰，而如何抵达顶峰，关键在于行动过程中如何发挥自身的优势。

除了追求上进、突破自我，赵勇作为一名父亲，他希望给孩子树立榜样。当要求孩子好好学习、考上名校时，如果孩子反问他的学历，他也能有底气地回答。此外，妻子对他的学习也给予了极大的支持，她认为，丈夫能把闲暇时间用于学习，在家庭内是充满正能量的事情。此外，企业也希望员工能自我学习、不断成长。作为开发商，企业需要员工具备从不同视角看待问题的能力。员工提升自己后，就能更好地为公司服务。赵勇认真地说道：“我也要求我们的所有员工能够提升学历的就去提升学历，能够提升职称的就去提升职称。毕竟这是未来职业规划中很重要的一环，抛开经济回报，在提升的过程中，你就会从中汲取很多新的东西。”

细节为王，荣膺鲁班奖的匠心作品

谈到建投·象山国际项目获得建筑领域的奥斯卡奖——鲁班奖时，赵勇认为这与建投人追求一流和创新的学习钻研精神密不可分。

建投·象山国际在2023年成为全国七个荣获鲁班奖的住宅项目之一，也是湖南省唯一的一个住宅类鲁班奖项目，这份荣誉实属难得。赵勇讲述道：获得鲁班奖，不仅需要投入大量的时间和精力，还涉及财力、人力、物力等多方面的投入，大家为了这一目标而共同努力。其实，鲁班奖是属于施工板块的奖项，而房地产板块的最高奖项是广厦奖。很多人对此感到疑惑，作为房地产开发商，为何要追求鲁班奖呢？这是因为湖南建投集团格局高远，深知施工质量对地产板块的至关重要性。在定位含浦片区做高品质楼盘时，集团就明确要求建投·象山国际项目要打造多个鲁班奖，所以在项目开发之前，就按最高标准进行项目整体定位。在人力方面，招标之前集团就明确要求建投·象山国际项目的所有施工团队必须具备鲁班奖的施工资质和管理经验。在物力方面，开发商从设计前端就开始介入，与设计院深度沟通打造差异化的内容和设计细节，并不断调整施工工艺。2019—2023年，团队用了整整四年的时间，每道工序都由集团领导验收，才打造了高品质的建投·象山国际。

有了鲁班奖的加持，建投·象山国际极大地提高了所在片区的小区整体品质。项目亮点不胜枚举。第一，建投·象山国际是长沙首个在毛坯空间做自流平和薄抹灰的工艺楼盘，通过新技术、新科技、新材料的运用，业主购买毛坯房就相当于已经做好了简装。第二，所有工区的墙、地面砖都是缝对缝衔接，很多开发商不会这样做，因为这会造成材料额外的损耗，增加成本。同时，所有突出的透气管、排烟道都会进行美化处理；屋顶除了正常的找平，还采用了国际领先的压磨地面工艺，甚至会在屋顶设置一个美观且实用的晒衣架，这对业主来说，很是贴心。第三，地下室对标顶尖豪宅的地下室，相比周边区域的其他项目，整体水平直线提高。墙体全部采用了外保温技术，虽然会增加近100元/平方米的成本，却能让房子住得更舒适、更绿色节能，保持房子最基本的功能。好房子不愁卖，因此在2019年项目开盘当天去化率就达到了95%以上。

类似的技术创新还有很多，如成品楼梯、预制卫生间等技术。对鲁班奖来说，质量是根本。在设计理念先行的情况下，要让业主满意，建投·象山国际项目因地制宜，充分结合自身的山体特性，以建筑本身的剪力墙作为挡土墙的方式将建筑正负零整体抬高。地下室不是常规的在地下，而是在地上。利用这一特性，项目打造了双入户大堂，无论是走地上还是走地下，都同样舒服。特别是商业部分还配备感应指示灯，通过感应指示灯可以快速找到停车位，二期的地下室更是做成了工业风格。整体来说，地下室和室内建筑一样舒适。下雨天如果业主想要跑步，可以直接在地下室进行，地下室空气非常好。

打磨细节，在鲁班奖的体现中尤为重要。赵勇发现有些业主喜欢爬楼梯锻炼，因此项目所有的楼梯都干干净净，边角采用铝合金包裹，既美观又防滑。公区的灯设置得非常充足，一共有六个，两个应急，四个常亮。园林绿化也十分到位，尽可能地选用大树，草皮选用草毯，整体上打造出垂直化的生态绿化环境。项目的容积率是3.04，即使都是高层，也没有任何的压抑感。此外，商业街在正常情况下应该是根据市政马路往里面延推布局，但他们的商业布局是六栋独栋商业，既扩充了城市空间界面，又让人在视觉上感受其延伸入小区，现在已经成为洋湖西片区的网红打卡地。

用心用情，对好房子的极致追求

当被问及建投·象山国际成为洋湖片区2023年度销冠的秘诀时，赵勇坦言："没什么秘诀，只是用心去做。我经常跟所有来交流的朋友讲，建投·象山国际就是我的简历，既然是自己的简历，那肯定是要把简历做到最完美的。"

对购房者来说，买房子主要关注几个方面。首先是区域。项目位于洋湖西片区，不是最中心的区域，但也不是最偏远的区域，项目离洋湖湿地公园只有500米，居住环境非常好，周边的商业配套也很完善。地铁也在规划内，未来项目升值空间巨大。其次是教育配套。项目配建的幼儿园受到全国关注，是中国首个全木质结构幼儿园，秉承着低碳环保的理念，在建筑领域走出了一条新的赛道。小区有专用通道直接刷脸出入小学和幼儿园，实现真正的目送式上学，物业公司也会进行早送晚迎服务，完全不用担心安全问题。配套中学博才学士中学，更是目前公办类学校的第一梯队，周边的二手房也因学校而有很好的成交量。许多老师都住在建投·象山国际，工作和生活都在这里，能够把更多的精力放在教学上。最后是社区卫生服务中心。项目将打造近5000平方米的社区卫生服务中心。小病小痛在家门口就能治疗，同时给社区卫生服务中心配备了救护车和紧急呼救系统，未来还可能配备体检中心。对业主来说，可以享受到便捷实惠的医疗服务。同时，学士街道学府社区入驻项目，含浦派出所也在项目设立了分所，车库直接连通 2600 平方米的超市以及拥有品牌餐饮的商业街，方方面面提高了业主生活便利性。项目还打造了近 4 万平方米的中央山体公园，近 7000 平方米的水系、近 400 平方米的图书馆、两个休闲会所，还有一个国际标准的网球场，恒温游泳池以及健身房等，满足业主的多元活动需求。此外，针对网球、气排球、篮球、游泳等体育运动，会请专业的教练进行免费教学，业主可以每两个月集中报名。

赵勇表示，他会在前期 3~4 年的时间里，在社区内营造一种邻里和睦、相互帮助、互相学习沟通的良好氛围，打造一个真正有温度的社区。

赵勇对于“销售秘诀”的回应，终究是化作一句：把品质做好了，销售自然就会好，客户的认可最重要。在市场倡导“保交楼”时，建投·象山国际是“保交证”，成为长沙第一个交房即交证的项目，这是国企的保障与担当，更是业主对他们的信任。

主持人调侃建投·象山国际是“卷王”吗？赵勇诚恳地

说，他们做这个项目并没有刻意去“卷”，不是要跟别人比个高下，而是用心在做好项目，“打造好房子”，这是他们的初心。现在国家也提倡“四好”，即好房子、好社区、好街道、好城市，他们正在践行着这些理念，立志要建业主需要的房子，同时也在创新，成为湖南省首个试点的被动房，这也是因为在项目建设之初就采用了外保温的技术。被动房作为德国的引入体系，对于品质质量的要求很高，与之运用相契合，提升了外保温的品质，整体的建筑密闭性极好，能够隔绝室内的能量输出，建筑本身的能量损失也会减少。通过新风系统的调节，整体房屋室温维持在 22~26℃，对业主来说，不仅很舒适还很省钱。另外，项目还做了五恒系统，采用单体机工程，业主想用就用，不想用就不开机，非常便捷。在他们不断打磨、研究下，整个产业板块形成系统化、体系化，也拓宽了产业的广度，开辟了施工板块这个新赛道，并为施工板块赋能，为施工板块创造效益，做好国企的带头示范作用。

赵勇表示，生活在建投·象山国际的业主会非常幸福。他自己平时就喜欢早起，通常在 8 点之前，他一定会到小区里转上一圈。在这个过程中，他会积极地与小区业主进行沟通，询问他们对于小区还有哪些不足以及有哪些好的建议。

总体而言，业主们对小区的评价相当高。但赵勇知道，尽管得到了很多好评，但小区肯定还是存在一些不足，一旦了解到这些不足，必然会积极地改进。克而瑞的数据显示，建投·象山国际项目的转介率达到了33%以上，而长沙其他项目的转介率最高也只有9%左右。从销售情况来看，项目的成交基本上都是老带新、小区业主多次购买以及朋友之间相互介绍的模式。

主持人感慨道，赵勇把建投·象山国际当成自己的“孩子”一般，用心地培养长大。赵勇对此也坦然承认，在这个项目上确实花费了无数的心血和精力，但他觉得这一切都非常值得，因为现在的建投·象山国际已然成为一个非常值得向大家推荐的小区。

谈及房地产行业的未来，赵勇认为，未来的发展主要有两个方向：一是改善型的高品质住宅，二是政府主导的保障性住房。房地产市场不会再像以前那样有大起大落的情况，而是会进入一个比较平稳的发展阶段，市场的需求已经转变为对好房子的需求。对于品质足够好的楼盘来说，销售不是问题。他觉得行业更多的是要联合起来，共同打造好房子，把品质做好，让购房者觉得买任何一个楼盘的房子都是开心的。开发商需要更多地去明确购房者的需求，站在购房者的角度去思考问题，把购房者需要的元素融入建筑中。赵勇对未来的市场充满了期待，就像 2023 年房地产市场有些冷，但是集团给他们设定的任务是 11 亿元，而建投 · 象山国际卖了 12 亿元，每年还有近千批的交房。当下，长沙作为一个网红城市，每年的人口流入量也很大。同时，政府对房地产市场的发展也非常关注，积极出台了很多相关的政策来支持房地产的发展。对于开发商来说，只要把心思放在做好产品上，打造真正适合居住的好房子，那么未来依然会是美好的。

从赵勇的话语中，我们仿佛看到了房地产市场的新希望。他以自己的智慧和经验，为我们描绘了一幅充满机遇与挑战的发展蓝图。相信在他的带领下，建投 · 象山国际项目会继续绽放光彩，为房地产行业树立一个新的标杆，充分展现国企的担当。

赵勇采访语录摘录

任何华丽的包装，都不如眼“鉴”为实更有说服力。

在市场中，产品是公司核心竞争力。国有企业有其担当，需注重品牌价值、口碑与质量，保障客户放心购买与安心居住。当下购房者比较理性，较多关注地产品牌、小区品质等多方面，满足全生命周期生活需求的产品更受青睐。房企应在供需适配方面努力，从用户需求着手进行产品开发，用心打造产品与创新发展，因为华丽包装比不上眼“鉴”为实的说服力。

周涛

世联行湖南公司总经理

一帆风顺！

主持人手记

周涛，世联行湖南公司总经理，一位拥有着丰富阅历和深厚专业素养的企业高管，他的故事充满着挑战与机遇、拼搏与荣耀。

世联行作为中国城市空间集成服务商，充分发挥“上市公司+国有平台”优势，全面推进“大交易+大资管”业务的协同发展。世联行湖南分公司成立于2008年，业务范围涵盖新房代理、咨询顾问、公寓出租、金融等。代理楼盘以长沙为中心，辐射整个湖南地区。

起初，周涛在深圳总部担任前期顾问，后来世联行湖南公司的成立，让他毅然决然地回到自己家乡开疆拓土。如今，身为湖南公司总经理的他以敏锐的市场洞察力，在风云变幻的商业世界中准确把握机遇。凭借着对市场趋势的精准预判，带领团队不断开拓新的业务领域，为企业注入了源源不断的发展动力。

他的专业态度、领导风范、创新精神和担当意识，是否能激励更多的人在商业的舞台上绽放光彩呢？

第四节　楼市复苏与营销创新的关系

周　涛　世联行湖南公司总经理

随着房地产市场的波动成为经济讨论的热点，我们有幸邀请到了深谙市场脉动的世联行湖南公司总经理周涛先生，他以其敏锐的市场洞察力和丰富的行业经验，为我们揭开楼市变化的神秘面纱。在这次难得的采访中，我们将探讨当前楼市的复苏迹象、未来趋势以及营销创新在其中所扮演的角色。

从深圳到家乡，职业发展的抉择

2007 年，是一个充满机遇与挑战的年份，周涛怀揣着憧憬与梦想踏入了世联行集团的大门。在深圳总部，他担任了前期顾问一职，这里是他事业的起点，也是他积累经验与磨砺自我的地方。在这个繁华的都市里，他接触到了行业内的先进理念与前沿技术，为自己的职业生涯奠定了坚实的基础。

随后，他参与了中信山语湖项目。该项目位于广州和佛山交界处，占地 9000 亩，规模之宏大令人惊叹，涵盖了所有类型的物业，包含了一片广袤而精致的高尔夫球场。当时，项目团队雄心勃勃地喊出了“打造中国南部最好项目”的响亮口号。这个口号犹如一面旗帜，激励着每一个参与者全力以赴。也正因如此，周涛的工作重心开始转移至广州和佛山地区。在这片新的战场上，他面临着更多的挑战与机遇，需要不断地调整自己的工作方式与思维模式，才能适应项目的需求。

在世联行集团湖南公司成立之际，周涛开始认真思考是否要回到家乡发展，这是一个需要权衡多方面因素的艰难抉择。一方面，深圳和广州等一线城市拥有更多的资源与机会，他在这里已经建立了一定的人脉与事业基础；另一方面，家乡湖南有着他熟悉的环境与亲切的乡音，那里的发展潜力也不容小觑。周涛笑言：“当时内心会有挣扎和权衡，考虑哪个选择对个人未来的发展更有利，但我还是看好长沙这座城市，从 2007 年到今天，这十几年来长沙城的飞速发展大家有目共睹。”正如他所言，这些年来，长沙在各个方面都取得了显著的发展。城市的基础设施不断完善，高楼大厦如雨后春笋般拔地而起，经济实力也在不断增强。他在自己的家乡，充分借助世联行这个广阔的平台以及专业的工具，将专业知识与家乡的实际情况相结合，创造出更大的价值，这无疑成为周涛选择返乡的关键因素。

世联行：行业中的翘楚

世联行集团自 1993 年成立以来，在中国房地产服务领域的海洋中乘风破浪，已经砥砺前行了 30 多个春秋。它是中国最早涉足房地产服务领域的公司之一，更是首家在 A 股上市的房地产服务企业，这一路走来，经历了无数的风风雨雨，见证了房地产市场的起起落落。

其业务范围广泛，在交易端表现尤为突出。例如，代理销售是核心优势之一，专注于传递营销价值。在世联行的代理销售团队中，每一位成员都具备专业的营销知识与丰富的实践经验。他们深入了解市场需求与客户心理，能够为开发商制定精准的营销策略。通过精心策划的营销活动，他们全力助力开发商转化客户，有效解决营销链上的各类问题。无论是市场调研、客户定位还是广告宣传，他们都能够做到精益求精，确保每一个环节都能够顺利进行。此外，世联行的房联宝主要负责分销业务，其业务逻辑与贝壳、58同城等类似。

近三年来，房地产行业经历了重大的变革，周涛不禁说：“我们回归本质，提供内场加外场的整体全案营销服务，帮助开发商解决获客、转化和营销的专业问题。我相信这在未来一段时间内仍将是一个巨大的机会。”这种全方位的服务模式就像一张严密的网，他们从市场的每一个角落去挖掘潜在客户，通过精细化的运营与管理，将这些客户转化为实际的购房者。世联行将继续凭借专业的团队与丰富的经验，在房地产服务领域中不断探索与创新，为行业的发展注入新的活力。

世联行始终秉持着“做足专业”的理念。在他们看来，市场的健康发展需要专业的力量，并且需要凭借专业的知识和技能来化解市场中出现的各种问题。专业就像是一把钥匙，能够打开市场中各种复杂问题的锁。

市场洞察与购房时机的精准把握

对市场的分析需要从几个关键方面入手，其中政策环境至关重要。周涛认为，房地产市场正散发出积极信号，2024

年的第一季度，全国的政策普遍呈现放宽的趋势。这仿佛是一阵春风，吹遍了房地产市场的每一个角落。

当前的市场环境与政策层面都达到了历史上的最佳状态，购房限制已经减少到了极低的程度。从中央政府的政策导向到地方政府的政策放宽，长沙市场在第一季度主要围绕两大主题展开：一方面是全面放开限购政策，另一方面是开发商在设计端进行政策调整。这些政策促使开发商积极调整设计方案，同时也让消费者享受到了实实在在的优惠。开发商们开始重新审视自己的项目，思考如何在政策的利好下，打造出更具吸引力的产品。他们在设计上更加注重人性化与实用性，如通过增加阳台和飘窗的赠送面积，为消费者提供了更多的使用空间，让消费者在购房时拥有了更多的选择与更大的实惠。

在新房市场方面，长沙第一季度的土地供应相对不够活跃。世联行的监测数据显示，除了空港地区有一块商办用地成功成交之外，内城区在第一季度没有新增的土地供应。与2023年相比，土地供应出现了大幅下降的情况。这就像是一条平静的河流，突然在某一段出现了水流减缓的现象。房产的出清周期也从原本的8~9个月延长至19个月，并且仍然有进一步延长的趋势。从2023年的第三、第四季度开始，房企在拿地之后，按照六个月的开发周期计算，现在应该已经陆续进入市场。然而，大多数房企更倾向于消化库存以回笼资金。在拿地选择上，更加集中于城市的核心板块和优质地块，例如，长沙老城区的核心板块、黄兴北路、新开铺或者观沙岭等区域。这些区域就像是房地产市场中的黄金地段，拥有完善的基础设施、便捷的交通以及丰富的商业资源。而对于那些周边配套不完善、产业支撑不足的土地，则暂时不予考虑。他们深知，在当前的市场环境下，只有选择优质的地块，才能够确保项目的顺利进行与销售的成功。

周涛透露，2023 年取消第一轮限购政策之后，二手房市场迎来了成交的高峰期，第四季度每月的成交量约为 15000 套，这仿佛是一场突如其来的盛宴，热闹不已。然而，到了 2024 年第一季度，每月的二手房市场成交量下降至 7000~8000 套。尽管二手房市场成交量有所下降，但对新房市场仍然产生了较大的冲击，导致 2024 年第一季度新房市场的成交量成为近 6 年来最差的季度。

目前，购房政策处于最为宽松的状态，银行信贷政策也达到了历史最佳水平。但是，客户的购房欲望和信心仍然需要一定的时间来修复。

长沙在人口净流入方面全国排名第一，约有 30 万人。源源不断的人口流入，为长沙的房地产市场提供了坚实的支撑。多种人才引进政策以及蓬勃发展的网红经济、夜经济吸引了大量的年轻人。这些年轻人充满活力与创造力，他们对生活有着更高的追求，对住房也有着自己独特的需求。在市场上，110~140 平方米的刚需和刚改产品以及部分改善型需求产品都有一定的市场需求。这些产品就像是为不同需求的购房者量身定制的礼物，满足了他们在不同阶段的购房需求。长沙有 230 多个楼盘，成交量主要集中在头部项目上，而其他楼盘的成交量则比较惨淡。

2024 年 2 月的春节假期，是长沙近六年来楼市表现最差的时期，平均每个项目的销售额只有两三套，让每一个开发商都感受到了丝丝寒意。到了 3 月，与 2 月相比虽然有所改善，成交量增长了 118%，新房成交面积为 30~32 万平方米，但市场整体仍然显得比较疲软。

营销创新策略，“六边形战士”脱颖而出

在当前的市场环境下，周涛特别提到了世联行提出的全案营销“海陆空”策略。多年来，开发商在渠道方面投入了大量的资金，但在市场低谷期，不能单纯地依赖渠道。在广

告宣传方面，需要与广告公司紧密合作，仔细梳理项目的核心价值点，明确广告主题方向，深入分析客户特性以准确识别目标客户群体，根据客户的需求精心策划营销活动，并且根据目标客户群的位置考虑是否需要拓展客户。

即使在市场环境不佳的情况下，一句富有创意的广告语也能够吸引客户的目光。周涛说，他至今都记得融创前身融科东南海的“长沙无海，心中有海”，这句广告语真的吸引了一拨客户，以及长隆项目的“长天下人杰”，他后来买了这的房子，就是被这句广告语吸引的。一句好的广告语，可能通过价值梳理，与目标客户产生共鸣。如今的市场更加追求简单、直接，一个好的项目仍然需要良好的营销包装和全面的解决方案，不能被消极的环境所遮蔽，要回归到技术本身进行精耕细作。周涛坚定地表示：“越不折腾越没出路，越是这种市场就越要折腾，越要吸引客户的关注度。”

随后，周涛分享了几种类型的产品市场现状。“六边形战士”项目，即能够同时满足地段、品牌、产品、教育、商业配套以及物业六方面条件的项目，在市场上表现十分出色。这是行业竞争环境的自然体现，在同等价格的情况下，消费者会根据自身的需求选择最为合适的项目。这些项目就像是房地产市场中的佼佼者，它们在各个方面都表现出色，无论是地理位置的优越性、品牌的影响力、产品的质量、教育资源的丰富性、商业配套的完善性还是物业服务的优质性，都能够满足消费者的高要求。

公寓市场则相对比较稳定，价格较低，在长沙的投资回报率有一定的保障，但整体市场表现仍然比较低迷，个别项目依靠降价来增加销量。别墅市场的成交量极低，在 2024 年 3 月没有新增供应，偶尔有几套成交，而且基本都是个位数。洋房和叠拼别墅在地段配套和居住舒适度较好的位置，价格相对合理。大平层市场的趋势稍好，主要集中在滨江市府等区域，月成交量在 30~60 套，价格稳定在 2 万元左右，抗风险能力较强，比较适合改善型和换房需求。商品住宅价格回调了 3%，成交量有所增长，但商业地产市场依然疲软。不过，在 3 月，个别公寓项目由于地段好、价格合理，销售情况良好，并且有大量的机构购买商业物业用于自持、运营或者做酒店。总体来看，长沙商业地产仍处于价格洼地。

当被问到当下很多家长关心的“学区房”问题时，周涛表示，“教育政策与房地产政策并没有必然的联系”。学区房市场正处于改革的进程中，推行教师轮岗制度等相关措施。在这种情况下，需要审慎地看待学区房的变化。

随着市场环境的不断演变，民营老板们面临的挑战也日益严峻。过去，他们或许能够凭借敏锐的市场洞察力和灵活的策略成功地穿越市场的波动周期。然而，当前的形势要求他们必须重新评估自己的业务模式和资金状况。对于那些业务多元化的企业，或许还有一线生机；但对于那些将全部赌注押在房地产开发上的企业来说，未来的不确定性和风险无疑大大增加。

2023—2024 年，我们见证了许多民营老板在穿越周期的征途中遭遇重重困难。这一现象提醒我们，房地产市场不再是那个可以轻易驾驭的舞台。因此，对于那些仍在房地产市场中奋斗的企业来说，现在是时候采取更为审慎和积极的策略了。

在这个充满变数的时代，只有那些能够快速适应市场变化并采取果断行动的企业，才有可能在激烈的竞争中站稳脚跟，甚至实现逆势增长。

周涛采访语录摘录

作为中国首家登陆 A 股的房地产综合服务提供商，世联行以“提升不动产交易效率和体验，赋能资产价值持续提升”为使命，坚持以客户为中心，致力于“让更多人享受真正的资产服务”，为创造城市美好生活不懈努力。

Chapter 03 成长篇

绝不自我设限

人类的想象是无限和美好的，自由的开始便是不受限。每个人都有无限的潜力，等待着被发掘和利用。当我们开始相信自己，就会开始寻找机会，挑战自我。正是这种自由的想象，激发了我们内心深处的潜力、创造力和能力，让我们有能力将那些看似遥不可及的梦想转化为触手可及的现实。

童方啸

金煌科创投资集团总裁

和光同尘，与时舒卷

[illegible]

主持人手记

在变革的浪潮中，有这样一群人，他们被称为“创二代”。他们不仅继承了父辈的创业精神，更以独特的视角和创新的思维，开辟了属于自己的天地。

童方啸，出生于1991年，是土生土长的湖南长沙人，像当下小说中所描述的那样——年轻有为、帅气多金的集团总裁。2014年，从美国密歇根大学毕业的他，进入了父亲童彬原创办的蓝天豚绿色建筑新材料有限公司工作，任采购部经理。

为了提升自己，他持续给自己“充电”，于2017年获得北京大学金融学学士学位。机会总是留给有准备的人，七年磨一剑。历经7年，他从基层一步步成长起来，作为“创二代”的他，身上的担子重了，压力自然也大了。但他的字典里，没有“不可能”，只有“如何可能”。他用行动诠释着什么是“创新”，什么是“突破”。每一次尝试，每一次探索，都是对自我的挑战。

他的故事，是勇气与智慧的结合，是传统与现代的碰撞。让我们一起见证“创二代”的力量，感受他的幽默与激情，以及为我们带来的每一个惊喜。

第一节　永远有解决问题的能力

童方啸　金煌科创投资集团总裁

在当今竞争激烈的商业世界中，有一位年轻而充满活力的 90 后，以独特的视角和坚定的决心，在装修行业里闯出了一片属于自己的天地。他就是童方啸，一位拥有美国密歇根大学本科学历和北京大学金融学学士学位的杰出青年。

“创二代”的自我认知与压力

童方啸的人生轨迹从一开始就注定与常人不同。他的父亲童彬原先生创立了金煌家装，这一背景使得他在外界眼中似乎天然地被笼罩在父辈的光环之下。然而，童方啸却从不满足于仅仅依靠父辈的成就。他以“装二代”自称，巧妙地表达了自己对装修行业的独特认知和不懈追求。他深知，要在这个行业中真正立足并取得成功，必须依靠自己的努力和实力。

在采访中被问及是否因为太优秀常被大家称为“别人家的孩子”，童方啸直言：“在很多人看来，我可能确实符合这样的形象，因为我的父母从小就对我要求比较高，期望也很高。但无论是过去还是现在，我从不认为自己做得有多么出色。”童方啸从小就明白责任与压力的含义，作为金煌集团的一员，他更明白自己肩负着重大的职责。无论是作为集团董事长的父亲对他的严格要求，还是来自外界的种种期待以及自身对自我的高要求所带来的压力，都被他化成一句：“俗话说‘干一行，爱一行’，首先得确认自己是不是喜欢这个行业，甚至未来会热爱它。我问过自己这个问题，答案是肯定的。所以，那些压力只会变成我更大的动力，促使我不断进步、成长，不断超越自己。”

在装修领域，仅有高学历和好想法是远远不够的，童方啸坚信，想要做好装修业，就必须对行业有深入的了解以及实践经验的积累。于是，大学刚毕业回国的他，以“特殊人才引进”方式，进入了父亲童彬原创办的蓝天豚绿色建筑新材料有限公司工作，任采购部经理。作为金融专业的毕业生，从事采购工作让童方啸一开始有不小的心理落差。他曾一度怀疑自己的选择是否正确，自己所学的金融知识在这个看似与专业毫不相关的领域是否还有用武之地。

刚接触采购工作时，他抱着一种轻松的心态，以为这是一件简单的事情。毕竟，在很多人看来，采购不就是买东西嘛，谁不会呢？然而，很快他就发现，这份工作远非想象的那样简单。采购的东西既要满足研发部门对材料标准的严格要求，又要确保产品在全国范围内具有最高的性价比，其中的难度和挑战远超预期。

在这段时间里，童方啸迅速调整心态，逐渐认识到金融最终要为实体服务，只有深入了解实体所面临的困难和需求，才能真正发挥自己的专业优势。他开始全身心地投入采购工作，努力学习行业知识，在这个过程中，他发现自己所学的金融知识并非毫无用处，反而可以在成本控制、供应链管理等方面发挥重要作用。

在基层锻炼的漫长岁月里，童方啸收获了许多宝贵的经验。其中，让他认识到的最深刻的一点就是“专业的事得由专业的人来做”。他回忆起曾经的工作场景，那些坐在办公室里仅凭主观臆断做出决策的日子，让他深感不安。真正的决策应该建立在对行业的深入了解和专业知识的基础之上，不能仅仅依靠“拍脑袋决策”。同时，他特别提到，在团队中永远不要觉得自己是最聪明的。一个团队的力量来自每个人的智慧和贡献，只有充分发挥团队成员的专业优势，才能实现共同的目标。

童方啸说着说着，好似陷入了某段记忆中，在以往的会议中，他注意到很多高管往往滔滔不绝地发言，其他人默默地听着、做笔记，整个团队缺乏想法的交互和碰撞，这种现象让他意识到问题的严重性。从那以后，童方啸改变了会议方式，不再是一个人主导发言，而是由他先提出一个总的方向，然后让团队成员共同探讨如何实现这个目标，最终由团队成员提出解决方案。他认真又严肃地说："我认为对站在我这个岗位上的人而言，最大的成本不是金钱，而是决策。一个企业如果只有一个人在讲话，这个现象是很可怕的，应该让团队其他的人都发表他们的意见，提出他们的想法，不能扼杀了创新。"

在装修行业的奋进之路

作为集团总裁，童方啸对公司的未来发展有着清晰而长远的规划。"我们公司目前的发展，不仅有佰柯达的工装业务，还有金煌的家装业务，也包括蓝天豚的实业板块。我一直在跟团队的人表达，中国以前的那种粗放型的发展模式已经结束了，走老路到不了新地方，旧地图找不到新大路”，他说得入情入理。在当今这个竞争激烈的市场环境中，要想在装修行业立足并取得成功，就必须在各个方面都做到极致，为客户创造实实在在的价值。

针对年青一代逐渐成为消费主力军的社会现状，童方啸敏锐地洞察到了市场的变化。他提出要对公司的产品和服务进行优化升级，引入年轻人更感兴趣的元素，如智能产品、新中式家具、艺术涂料等。他了解到，现在的年轻消费者更加注重服务和产品本身的品质，这些人往往通过国内外的社交平台获取流行新趋势，追求有设计感的东西。作为公司的领导者，他必须关注这些变化，引领公司紧跟时代的步伐。

童方啸特别强调品质交付的重要性。他明白，即使在营销层面宣传得再漂亮，跟客户承诺得再好听，如果在最终的工程交付环节出现问题，那么一切都将前功尽弃。对于客户来说，这将是一个巨大的体验感落差。他曾经在一次高管会上坚定地表示，金煌一定要做这个行业体验感最好的企业，以后不靠广告打响名声，而是靠客户间的口口相传。

在施工服务板块，童方啸更是制定了严格而具体的标准。公司设立了“总裁直达号”，在客户进场的时候就会把这个号码给到客户，让客户有任何不满都可以直接反映。这不是一种形式主义，而是童方啸本人确确实实亲自在管理这个账号。他希望通过这种方式，及时了解客户的需求和意见，不断改进公司的服务。同时，无论是家装顾问、设计师、客服、工程管家、项目管家，还是产业工人，公司所有员工的 KPI 都与客户满意度直接挂钩。在服务完工后，公司会向所有的客户提出一个问题："你愿不愿意把金煌推荐给你周围的家人、朋友？"童方啸深知，很多装修公司不敢提这个问题，他们大多做一锤子买卖，只关注眼前的利益，这也是当下装修行业依然存在乱象的原因，但他偏偏要把口碑做好，"我觉得我们的品牌能够提供给消费者更多的体验价值、情绪价值，以及货真价实的产品，才是最重要的"。

谈到蓝天豚的产品硅藻泥，童方啸的眼中闪烁着光芒。蓝天豚是童彬原董事长创立的，他紧跟董事长的战略，从采购做到市场，再到产品研发，一步一个脚印地在这个领域中不断探索。他介绍说，硅藻泥具有独特的物理结构，能够吸附空气中的有害物质，再通过内部的纳米二氧化钛进行化学降解，不断地吸附和分解，使得整个空间达到一个相对环保、健康、绿色的人居水平。像湖南 4 月的回南天，家里墙面用普通乳胶漆，可能会挂上一些水珠，但是用硅藻泥就不会出现这种现象。这也是在一些沿海国家和地区，硅藻泥使用非常普遍的原因之一。

然而，现在市场上对硅藻泥的一些错误认知，导致整个环境不太友好，一些不良商家为了追求利益，以假乱真，煽动媒体进行错误宣传，导致客户认为不掉粉才是好的硅藻泥。实际上，真的硅藻泥是会掉粉的。童方啸面对这样的现象有些无奈地说："它是硅藻土，只有保证孔隙通透，它才会具有功能性，如果在一面梆硬的墙上，拿着湿布擦拭，没有任何反应和变化，说这个东西有吸附性，这肯定是假的，但是消费者被这种错误宣传影响久了就可能会相信，他们觉得硅藻泥掉粉肯定不好，还得搞卫生，很麻烦。其实，我去日本调研的时候，就发现硅藻泥掉粉是很正常的现象。"他并不喜欢一些商人把不好的讲成好的，这种行为不仅会误导消费者，还会影响行业的从业人员，打击他们的信心。但是，他认为蓝天豚在这一块坚持得比较好，这么多年来，公司的渠道和产品一直建设得比较完善。他现在虽然不完全负责蓝天豚，但依然非常关注这一板块的变化，包括产品的更新换代。他还透露，目前蓝天豚的定制板块能完全杜绝人造板的一些环保问题，环保等级能够比肩国家 ENF 级，甲醛释放量仅为 0.0158mg/log。

对于集团旗下的佰柯达住工，童方啸有着深刻的见解。在长沙，佰柯达的装配式装修已经有了很多成功的案例。佰柯达的前身是金煌的精工装，与大家耳熟能详的一些房地产商，如万科、华润、保利等都是战略合作关系。目前来说，佰柯达正在做业务转型，包括一些工装项目，全国的连锁酒店、公寓，装配式装修都有应用落地。当被问到装配式装修是不是蹭装配式建筑的热度时，童方啸坚定地认为装配式装修是一件好事。装配式装修可以用很简单的一句话来概括，就是把现场作业的东西全部放到工厂预先设计完成，现场只需进行简单的作业，把卡扣拼接完成即可，甚至隔墙吊顶业主都有可能自行动手完成。他指出，装配式装修是国家“十四五”规划提出来的“新质生产力”，对建筑来说就是用先进的设计、先进的供应链管理、先进的施工方式去改变行业目前效率低、污染重（甲醛、噪声）、施工周期长的现状。目前从各方面的政策，以及从各企业与佰柯达住工合作的需求来看，装配式装修都是紧跟时政走的。

但是，就C端来说，装配式装修还是一个新的概念，消费者还需要一定的接受时间，需要一个认知的过程。童方啸真诚地说道：“它虽然有建造快、对人工依赖小、相比传统作业更加环保等优点，但也有老一辈人可能无法接受的地方。比如，地面踩上去是空的，这让他们心理上感到不踏实。为什么要做架空地面呢？因为这样简单、方便维修，后期的水管、电线出了问题，直接拆卸，不用全部砸掉。有些客户，他们看了装配式装修觉得这个东西确实不错，环保、价格适中，但是就是接受不了顶上和底下都是空的。所以，目前可能是干法和传统湿法相结合，以适应市场的需求。”他认为装配式装修在政府的大力支持下，未来肯定会发展得更好。

面对房地产市场整体呈现下行趋势，童方啸对装修行业依然充满信心。首先，新开发的保障房，包括在第二代商品房中的比例是会有所提高的。其次，在目前的C端市场，很多人都在冷静观望房价趋势，新房销售没有之前那么狂热了。但不可否认的是，大部分人名下还是有一些老房子，包括正在居住着的“老破小”，亟须改善。这类人群会成为装修行业的第二增长曲线，童方啸特别提到，金煌自己在干装配式这一块，非常契合客户的需求，也能满足他们的痛点。他举例，一家人居住的“老破小”想要重新装修，但是装修这段时间家人住宿问题如何解决？传统的装修可能两三个月还未完成，甚至长达半年，租房子、住酒店的费用都太不划算。但装配式装修就不一样了，童方啸自豪地说：“我们金煌之前做这个业务的时候，请客户住酒店，从前期沟通设计到真正落地施工，全房屋可能也就需要十天半个月，最慢也不会超过一个月，所以我敢全包客户住酒店的费用，因为我们有效率。如果只是重装墙面的话，那会更快，可以做到即装即住。”

当谈到装修中的甲醛污染问题时，童方啸介绍说，传统装修现场作业会用到辅材、打胶，肯定会存在甲醛，做到即装即住是很难的。但如果用装配式的方式去做，是不会用一滴胶，全是干法施工，用卡扣扣上去。房屋地面敲掉之后直接干法施工给铺上去，如果客户不想敲，也可以直接在瓷砖上面铺 SPC 地板，这就是装配式装修的优势。

职业轨迹的成长与改变

回顾自己的职业生涯，童方啸感慨万千。他于 2016 年进入蓝天豚，大概在 2019 年短暂接触过工装业务，然后从 2021 年开始对所有业务覆盖，但目前可能更着重于家装。

他分享了自己入行的心路历程。起初，童方啸作为一个小白进入这个行业，充满了“初生牛犊不怕虎”的勇气。刚到蓝天豚，接触这个行业和产品时，他被这些产品的魅力所吸引，认为这些产品太厉害了，应该大范围地推广。于是，他开始搞展会、投放广告，大面积招商，并且开发了很多产品，这是他在蓝天豚时的市场打法。那些年，他在风风火火做这些的时候，也有劝他冷静一点的声音，但他当时年轻气盛，比较自信。然而，后面遇到了一些波折，因为没有做深刻的调研，没有真正了解客户的需求，虽然搞了一个很好的产品，但客户不买账。后来，童方啸意识到自己过于理想主义，并且过于自信，但他也表示，做一家企业有自信不是坏事，只是不能盲目自大。“作为一个企业的负责人，做任何决策，都是有风险、有成本、有代价的。事要没做成，这个后果得自己担着，不能把锅甩给别人，这是我该承担的责任；一旦做成了任何事，不要揽功，功劳是团队的。”现在，他时常跟自己的团队说：“这个事情，你搞就是了，搞不成怪我，算我的错；搞成了，是你厉害。”

目前童方啸也在负责公司商学院的培训、内训板块。当初创立商学院的初衷就是因为他看到了装修行业一些从业者的综合能力、职业素养，并不能完全胜任当下的市场服务，给不了客户良好的消费体验。就像常听到有人说，这个公司服务不错，那个公司态度很好，其实并不是说他们做得真的有多好，而是这个行业之前都太差了，慢慢变好是需要大家去学习进步的一个过程，所以他办商学院最终目的还是服务好客户。商学院除了学还有商，要去做一些创新，做一些内部改革，提高自己的综合能力、服务素质。童方啸深知，家装行业要想做到海底捞那样的服务水平是非常困难的，但做好家装业该有的服务是必需的。

作为年轻有为的 90 后总裁，童方啸对年轻人充满期待。他的团队都是 00 后，他也想与更多的 00 后，更年轻的一代人交流。这些年来，他有一个自己的感触：装修行业本质上是做服务，始终要为客户创造价值，如果不能为客户创造价值，整个公司，包括他自己这个身份的存在就是没有价值的。他对所有的员工说，公司是平台，并不是某一个人的公司，这个平台是为了成就大家，帮助大家实现自己的梦想、目标，服务好共同的客户。如果他能够成就更多的人，能够服务好更多的客户，那才算是他在这个行业做出了一点成绩，而不是说他今年要干到多少亿，要签多少单，他觉得这些都是表象。

“不要指望别人来改变你，只有当你自己认识到你需要改变的那一刻，你才会真正地去改变。”这是童方啸深有体会的一句话，也适用于企业里的每一个人，每一个岗位。一件事，首先你得自己想干这件事，其次你自己得有想法去干这件事，最后你得有信心把这件事干成。他一直跟团队在强调，做一件事，必须靠自驱力，必须自己有想法，从自身开始改变。

这位90后“创二代”在装修行业中不断探索、奋进的故事暂时说到这里了，他的经历和思考，为我们展现了一个充满活力和创新的行业未来。他用自己的行动诠释了责任与担当，用智慧和勇气引领着公司不断向前发展，最终的终章定是花开万里。

童方啸采访语录摘录

对于我来说最大的收获是：第一，专业的事得由专业的人来做，不能是坐在办公室里的人“拍脑袋决策”；第二，无论是在公司当老大，还是在团队中当负责人，永远都不要觉得自己是最聪明的。

作为一个企业的负责人，做任何决策，都是有风险、有成本、有代价的。事若没做成，这个后果你得自己担着，不能把锅甩给别人，这是你该承担的责任；一旦做成了任何事，你不要揽功，功劳是团队的。“这个事情，你搞就是了，搞不成怪我，算我的错；搞成了，是你厉害。”

我们这个行业本质上是做服务，始终要为客户创造价值，如果不能为客户创造价值，整个公司，包括我自己这个身份的存在就是没有价值的。

邓绍阳

湖南省不动产商会副会长

湖南天景名园置业有限责任公司总经理

长期主义

是最本质的价值.

[illegible]

主持人手记

房地产高管人群的故事往往与房地产市场的起伏、企业的战略决策，以及个人的职业发展紧密相关。

邓绍阳，一个身经百战的“斗士”，他对房地产市场充满着热情，大学毕业以来跟随着“诗人老板”一同打拼，乘着时代的发展东风，见证着不断向前更新的热土。秉承着打造人生标杆作品的情怀，倾情“质造”太阳山下千亩湖山千栋墅的别墅大盘——麓隐·青竹湖。

随着市场的变化、科技的发展，他意识到房地产行业也需要与时俱进。推动项目采用绿色建筑和智能家居技术，提升项目的品质和吸引力，找到生活的最佳平衡点，重新定义“主城第一居所别墅”。

当他站在高处，俯瞰着自己参与建设的项目，心中是否会充满了成就感？相信他一定明白，房地产的道路永无止境，新的挑战和机遇正等待着他。

每一位企业高管的故事都是独一无二的，但共同点在于他们对房地产行业的热爱和对成功的不懈追求。

第二节　在豪宅里不谈生意，谈窗外的春意

邓绍阳　湖南天景名园置业有限责任公司总经理

在房地产行业这片广袤的天地中，每一位从业者都有着自己独特的故事与感悟。邓绍阳，一位在房地产行业深耕了22年的资深人士，他的经历犹如一幅波澜壮阔的行业画卷，记录着房地产市场的风云变幻。

房地产之路的坚守与热爱

当被主持人问及在房地产行业坚持这么久的动力时，邓绍阳笑言，“人们常说，选择比努力更重要。对我们来说，选择进入房地产行业是一个明智的决定”。当然，这只是开玩笑。实际上，他在这个行业坚持这么久的真正原因是对房地产行业的那份真心热爱。从市场营销专业到踏入房地产行业，在22年的职业生涯里，他先后经历了商业地产、普通住宅、

工业地产以及如今的高端别墅项目等多个地产细分领域。这些丰富的经历，恰如中国房地产行业主流业态发展脉络的一个个生动注脚。他认为从事这个行业非常有趣，有趣之处在于，他在商业地产领域，曾助力众多企业老板实现事业的升级。例如，2003年在汽车城的招商工作经历让他印象尤为深刻，他帮助许多老板从路边小店发展为在市场内购置土地建立4S店或入驻新车展厅的企业。随后汽车产业的高速发展，使得这些企业在未来获得了长足的发展。看着这些老板的事业蒸蒸日上，其中有他的一份贡献，这种成就感油然而生。

刚需楼盘的开发也在邓绍阳心中留下了深刻的印记。辉宏集团开发的东门尚苑项目开盘当晚，市场异常火爆。800套房源吸引了1200组客户前来，采用摇号方式销售在当时的地产界引起了极大的轰动，这背后是无数家庭对于住房的渴望与追求，是他们对生活品质提升的期盼。他至今依然清楚地记得一对年轻夫妇因为没有选到心仪房子而流露出的遗憾与无奈；也记得其他客户在选到房子后脸上洋溢着的喜悦之情。这一切让他深切地意识到，每一套房子都承载着一个家庭的梦想与希望，而他们的努力就是在为这些梦想添砖加瓦。邓绍阳认为，能够真正提升市民的生活品质，是他们工作的意义。

2011年，辉宏集团开发的工业地产项目可谓是创新性十足。该项目打破了传统的单层厂房建设模式，创新性地转变为多层标准厂房甚至是工业写字楼。这一创新举措，从政府的角度来看，有效地节约了宝贵的土地资源，为城市的可持续发展作出了贡献；从企业的角度来看，则大幅降低了运营成本，提高了生产效率。在政府的大力支持以及他们优质的服务下，园区内的企业获得了长足的发展，无论是企业形象还是事业规模都迈上了新的台阶。在这个过程中，邓绍阳与园区内四五成的老板从单纯的客户关系逐渐转变为朋友关系。他们一起探讨企业发展的策略，分享彼此的经验与智慧。这种珍贵的情谊让他更加深刻地体会到了这个行业所蕴含的独特魅力。它不仅仅是关乎土地与建筑，更是人与人之间的连接与互动，是共同奋斗与成长的见证。

与“诗人老板”的共事岁月

2007年，邓绍阳加入湖南辉宏集团，与被称为“诗人老板”的李朝晖董事长开始了一段独特而难忘的共事之旅。

在邓绍阳眼中，董事长是一个非常有魅力的人，像他这样的老员工，有接近20位，集团里的总经理、财务总监等高层管理人员，都是一直跟随着企业的发展。董事长的诗人身份只是与人交往的外在表现，其本质上是一个有情怀、有追求且具有创新精神的房地产企业家，诗意不仅体现在他的言谈举止上，更融入了对地产项目的独特理解与打造中。在董事长的领导下，集团五六百人在地产领域不断探索前行。从最初每平方米售价仅为1600~1700元的楼盘开始，每一个项目都是企业发展的坚实脚印。邓绍阳的创新精神在企业发展过程中表现得尤为突出。在面对每一个机遇和风口时，都能做出精准预判。例如，在进入民营工业地产领域时，邓绍阳预见到传统地产开发模式的不可持续性，发现了民营企业、小微企业在发展过程中常常受到土地资源稀缺、成本高昂等问题的困扰和痛点，而董事长看到了这背后隐藏的巨大市场需求。于是，在邓绍阳的坚持和努力下，经过与政府相关部门进行多轮深入的沟通与协商，最终成功打造了“中部智谷”产业园项目。这个项目不仅成为民营工业园的杰出代表作，更是湖南民营工业园的第一个品牌。该项目仅占地168亩，却成功吸引了170多家企业入驻，每年上缴给地方的税收超过2亿元，其产值、税收贡献、提供的就业岗位数远高于很多购地自建企业。这种集约化的开发模式不仅降低了成本，同时也为入驻企业带来了实实在在的实惠。正因如此，该项目被评为民营工业园的示范项目。回顾项目从建设到运营的整个过程，作为一个民营企业，其中的艰辛与不易只有他们自己最清楚。从项目的选址到规划设计，从施工建设到后期的招商运营，每一个环节都充满了挑战。如果没有像辉宏集团董事长这样具有创新精神和执着追求的企业家，这个项目很难取得如此巨大的成功。目前“中部智谷”已经成为工业地产领域的一个品牌，在省内复制了多个类似的产业园项目，促进了地方经济的发展。

诗意与商业的完美交融——青竹湖项目的诞生

在开福的太阳山，一个规模宏大的千亩别墅大盘——麓隐·青竹湖项目正在悄然崛起。这个项目的诞生，蕴含着决策者独特的眼光与深刻的商业逻辑。

邓绍阳抬眸回忆着事情的开始，他说：“董事长在一次考察中，被这块土地的风水所吸引，对此有着强烈的共情感。他有三个梦想：建设一个超级五星级酒店、打造一家上市公司、在房地产领域打造一个标志性的项目。虽然他现在还年轻，但我相信这个项目将会是我们的标志性作品。”

该项目被太阳山森林公园环绕，其自然资源的稀缺性与珍贵性在长沙过去的10～15年里从未出现过，未来或许也难以再现。这片土地是大自然的完美杰作，拥有着独特的地理风貌和生态环境。山上郁郁葱葱的树木、清新的空气以及宁静的氛围，都令人心旷神怡。在与业主进行交流的过程中，大家都一致认同这片土地与自身磁场之间存在着一种奇妙的契合，他们在这里有种归属感，仿佛是心灵的栖息地。

项目还有一首诗，名为《麓隐赋》，篇幅较长。邓绍阳分享了其中最经典的部分，诗中写道："山号太阳，可餐皓月，湖名青竹，且抱清风。"诗中继续写道："筑宅梅边，效孤山之林逋；抚琴松下，慕赤壁之坡翁。吾名吾庐曰：麓隐青竹湖，聊以赋之。"这首诗实际上在讲述人生境界追求，对一种生活方式的向往；表达了对青竹湖地区未来生活方式的设想，诗中提到的林逋，是北宋时期的一位诗人，以"梅妻鹤子"著称，隐居孤山，喜欢种梅花和养鹤，他的咏梅诗至今仍被视为文化经典。而坡翁，即苏东坡，是北宋著名的文学家，他的诗作广为人知。通过提及这两位文人，实际上是在强调对文化修养的崇尚，以及对山水之间高雅生活方式的追求。这里有着优美的自然环境，是修身养性的理想之地，董事长李朝晖先生希望将这个项目打造成一个能够体现上述这种生活方式的地方。

从辉宏集团对地产大势的预判来看，随着地产黄金时代的逝去，本土民营企业想获取更好的土地资源变得越发困难，并且在普通住宅市场的竞争中也没有明显的优势。然而，当企业发展到一定阶段时，他们在人才体系、资金实力、开发理念等方面都具备了开发高端项目的能力。综合考量后，他们意识到高端别墅市场是一个尚未被充分挖掘的领域，有着巨大的发展潜力。因此他们仅用了两个星期，就高效地完成了从考察土地到作出决策再到最终签约的全部过程。

豪宅的真谛与麓隐·青竹湖项目的匠心独运

在当前的市场环境下，探讨豪宅的标准具有重要的价值和意义。关于豪宅的定义，业界一直存在着诸多热烈的讨论。邓绍阳认为，豪宅的第一个特点在于项目所占据的资源必须是独一无二、不可复制且不可再生的，比如，壮丽的山河、宁静的湖泊、辽阔的大海等。这些自然资源赋予了豪宅独特的价值和魅力，使其成为稀缺的珍品。

第二个特点是产品设计理念要能够深入地洞察高端市场和高端人群的需求，绝不能简单地进行复制，而是要全方位地满足这一特定人群的多样化需求。高端人群对于生活品质有着极高的要求，他们追求个性化、舒适化以及尊贵化的生活体验。

第三个特点体现在整个小区的品质上，包括从前期的规划到后期的配套功能等各个方面。像青竹湖这样的别墅大盘，需要根据未来业主的潜在需求精心打造具有针对性的配套设施，并且要舍得在这方面进行投入。从高端会所、健身中心到私人影院、恒温泳池等设施，都要一应俱全。这些配套设施不仅为业主提供了便利与享受，更提升了整个小区的品质与档次。

此外，豪宅对产品的品质要求精益求精，从园林、外立面、建筑用材到地下隐蔽工程等都要与房子的使用寿命、年限相匹配，还有一个重要特点是服务，邓绍阳认为：极致的服务一定是未来的高端住宅决胜的唯一赛道。

麓隐·青竹湖项目在区域板块上具有显著优势。在长沙的城市格局中，虽然北部地区发展相对滞后，但近两年开福区正在积极调整优化。项目对面正在重点打造关公湖片区，占地约 12000 亩，投资 94 亿元建设基础设施，规划建设文化馆、艺术馆、体育馆、桃花溪公园、三甲医院和企业总部等。该片区在规划时充分吸取了梅溪湖的经验，整体容积率比梅溪湖低很多。周边被几大名校环绕，青竹湖板块是长沙市有名的教育高地，教育统筹管理效果良好。

在产品设计上，项目首开区选择了新中式合院的产品形式。在接手项目后，董事长亲自带领团队进行了广泛考察，从江浙地区的新中式产品中获得了启发，秉持着文化自信与民族自信，打造了与传统线性联排别墅有本质区别的产品，强调“归家的仪式感和邻里关系的重构”。从小区的入口景观到巷道的设计，从庭院的布局到室内的空间规划，都围绕着“归家”这一核心主题进行设计。为了重构和谐的邻里关系，项目设计了独特的巷道，为邻里之间提供了交流与互动的空间。每条巷道住着6~8户人家，既有公共的巷道，又有各自独立的院落，公共巷道让业主们在日常生活中能够增进彼此的了解与友谊；而独立院落则保证了每户业主的私密性。项目采用宋代建筑美学的标志性元素——人字形屋顶，自入市两年多来深受人们的喜爱，是湖南首个新中式生态宜居项目。项目沿着太阳山修建了长达3.5千米的登山步道，并规划了一条2.5千米的法国梧桐大道。此外，项目还规划了四大会所，包括会客厅、艺术厅、医养中心以及业主食堂与小集市，旨在满足业主在不同方面的需求。

别墅市场的展望与思考交织

在 2024 年全国两会期间，住房城乡建设部部长倪虹提出了新房地产概念，这犹如一盏明灯照亮了地产行业发展的新方向。其中特别强调了更好的品质、科技赋能以及更好的服务。在当下这个竞争激烈的市场环境中，服务已经当之无愧地成为未来市场竞争的关键因素。

邓绍阳说，他们构建的服务体系犹如三驾马车齐头并进，在物业服务的基础上增加了“社群运营 + 五维工程 + 集采服务”板块。

物业服务在传统基础上新增多项服务，形成 360 度服务体系，远远超越了基础服务的范畴。例如，与高铁、机场合作开通 VIP 通道，业主可通过物业公司安排，用社群运营程序积分支付费用；业主需要洗车时，只需联系物业公司，他们会上门取车、清洗并送回。他们致力于满足业主每一个需求，目标是只有业主想不到，没有他们做不到。物业公司的成员都是经过严格筛选的行业精英，运营几个月来业主的满意度远高于传统物业公司。

社群运营并不仅仅是简单的营销活动，它更像是一场生活的变革，旨在为居民营造一种全新的生活方式。比如，每周二举办的读书会，让业主们能够共同分享阅读的乐趣、增加邻居间的交流互动。他们从 2023 年底开始了一项特别的工作，并得到董事长大力支持与公司高管的积极参与，即将有共同兴趣爱好的业主聚集，通过交流收集对小区建设的看法与建议，建立官方业主群，公司高层参与其中，坦诚交流，希望将小区建成有温度、和谐的家园，认真对待业主的每一个投诉与建议。“我们称他们为‘麓隐家人’。在这个过程中，业主们也逐渐理解了我们的想法。我们认为，一个好的小区不能只靠开发商来推动，业主才是真正的主人，业主与开发商、物业共建、共创、共享才是一个高端小区能够一直保持高端的核心准则。”邓绍阳激动地说道。

面对未来的市场，他们时刻关注着国家政策变化，如“双改”政策使商品住宅更多回归市场，未来市场竞争将集中在高端住宅领域。随着土地审批限制放宽，别墅市场将成为房地产领域的最后一块热点，作为高端住宅的终极形态，别墅能满足人们对天空、土地和庭院的向往。邓绍阳希望在麓隐·青竹湖建造出一个能够满足人们精神文化需求的社区，这个社区就像是一个精神的港湾，为人们提供了一个远离喧嚣、追求内心宁静的场所。

在地产行业的漫长旅程中，邓绍阳与他的团队在探索与实践中不断前行，努力构建着一个理想的家园，既满足人们的居住需求，又承载着人们对美好生活的向往。他们像是一群勤劳的工匠，精心雕琢着每一个细节，从建筑的设计到服务的完善，从社群的运营到环境的创造，都力求做到尽善尽美，力争为湖南的别墅立序。

邓绍阳采访语录摘录

为你写诗。

最欣麓隐是吾家，蕙有鸣蛙。

清溪步道成趣，四季布繁花。

逢丽日，主斟茶，客相夸。

吟诗泼墨，不忘天真，不叹年华。

黄 斌

湖南省不动产商会副会长

湖南建投北福置业有限公司总经理

黄斌

非以其无私邪，故能成其私

主持人手记

都说，勇敢的人先享受世界。黄斌，一位年少有为的90后国企地产经理人，年轻的领导者。他有动感的思维、科技的加持，以“时尚+创新”理念打造“最适合年轻人”的“显眼包”楼盘。

黄斌曾荣获2023年度长沙楼市影响力人物，在建投的这段经历给他带来最大的感触是：国企没有所谓的“铁饭碗”，大家都很拼、很“卷”。他认为，珍惜当下，以正向的思维去看待一切，面对苦难、去战胜，勇于尝试，乐于挑战，没有什么是做不好的。

他操盘的项目——湖南建投向江徕，宛如一颗璀璨的明珠，坐落于城市的核心地带。这里，内外皆被醇熟的商业氛围环绕；在绚丽多彩的霓虹灯下，能真切地感受到城市的蓬勃朝气，解锁丰富多彩的生活方式；以全能商业配套圈为业主带来举步即繁华的居住体验，更以鲁班精工品质，成就长沙青年居住梦想。

第三节 鲁班精工，成就长沙青年居住梦想

黄 斌 湖南建投北福置业有限公司总经理

黄斌，一位年轻却极具洞察力的项目总经理，其职业生涯起步于上海的一家世界500强施工企业，在那座繁华都市里，他全身心投入工作，切身感受房地产行业的蓬勃脉动与激烈竞争，高耸的建筑与忙碌的工地见证了他的拼搏与奋斗。

从焦虑到成就的职业成长故事

时光流转，2017年，黄斌怀揣着对未来的憧憬与期待，毅然决定回到长沙，开启新的职业篇章。这座充满活力的城市，似乎能为他提供更广阔的发展空间，他先后在不同的企业中磨砺自己，积累着宝贵的经验。2020年，他幸运地加入湖南建投，迎来职业生涯新起点。

如今，作为建投·向江徕项目的负责人，黄斌以年轻之姿担当重任，眼神中透露着坚定与自信，仿佛在向世界宣告着自己的决心与能力。然而，成功的道路从来都不是一帆风顺的。回忆起职业生涯中的焦虑时刻，黄斌坦言，刚从上海回到长沙时，曾陷入深深的迷茫与困惑之中。那时的长沙，对于他来说，既熟悉又陌生。他思索着未来职业方向，金融行业的繁华与机遇，电商领域的创新与活力，都让他心动不已，每个选择似乎都充满了诱惑，却又伴随着未知的风险。他陷入纠结与困惑，不知何去何从。但经过深思熟虑，他最终选择回归擅长的房地产领域。

他深知，面对不确定的未来，人会因缺乏信心而产生焦虑。但他也明白，只有勇敢地向前看，珍惜当下，才能在困境中找到出路。黄斌告诉自己，每个挑战都是成长的机遇，每次困惑都是前进的动力。那段迷茫的日子里，他不断反思自身优势与劣势，思考房地产行业的未来发展趋势。他明白自己在房地产领域积累的丰富经验和专业知识是宝贵财富，也看到了行业的巨大潜力和发展空间。尽管面临诸多挑战，但只要坚持不懈，就一定能成功。

国企并非“铁饭碗”

谈到自己所在的国企——湖南建投，黄斌打破了人们对国企“铁饭碗”的刻板印象。在他看来，如今的国企已经发生了翻天覆地的变化。大部分国企已经完成市场化运行，考核制度健全，规章制度完善，有时考核比民营企业更加严苛，并实行合同制，职业经理人也需完成各种指标。在这种市场化的经济环境中，国企的工作并不轻松，更不存在“铁饭碗”。

当前市场竞争异常激烈，只有那些积极参与竞争的企业才能生存下来，不愿意或无法参与竞争的企业则逐渐被市场淘汰，这也就是人们常说的“卷”起来，活下去。黄斌以自己参加的培训为例，讲述了武汉大学一位教授对“卷”的深刻解读：“创造不了价值却花费大量时间的行为才叫‘卷’，而为了追求完美、创造更多价值的努力则不是‘卷’。”在这个充满挑战的时代，只有不断创新，提升自己的核心竞争力，才能在市场中立足。

在湖南建投的日常工作中，黄斌感受到了强烈的责任感和使命感。他深知自己的工作不仅仅是为了个人的发展，更是为了企业的繁荣和国家的建设。他积极参与各种项目，努力提升自己的专业技能，为企业的发展贡献力量。当主持人提到："似乎目前市场上只有国有企业在积极购地。"黄斌直言："回顾过去，民营企业在迅猛扩张时期确实遗留下了一些问题，目前民营企业正处于解决这些问题的阶段。我曾在民营企业工作过，如今作为国有企业的一分子，仍然认为民营企业有许多值得我们学习的地方，比如，在产品设计和制度建设等方面，表现有时候超越了我们国企。我坚信，随着市场的全面转型，民营企业将会以新的姿态重返市场，或者以不同的方式参与房地产开发。"

民企的发展相对来说比较个性化，国企的管理指标更加科学，因为国企有一个"集中决策"，黄斌认为其中的好处是不容易犯错，快速决策可以在短时间内快速解决问题，但它也有可能在短时间内因为一两个快速决策造成更大的损失。在当下这种市场环境下，集中决策可能会显得更科学，对一些指标、任务、产品会有更深层次的思考。同时，他也深刻体会到了国企的优势，拥有雄厚的资金实力和丰富的资源，能够承担大型项目的建设，在社会责任方面也发挥着重要作用，为国家的经济发展和社会稳定作出了贡献。

其实，国企和民企就像两条奔腾的河流，各自有着独特的优势和魅力，相互学习、相互促进，共同推动行业发展。

城市间产品差异与房地产的变革

黄斌认为每个城市都有其独特之处，将一线城市与长沙的房地产产品进行对比，由于房价水平不同，打造产品的空间也存在差异。他解释道：“如果想要打造更好的产品，必然投入更多。在长沙目前楼地差不是很大的情况下，相对于上海、北京、杭州、深圳这些城市，我们打造产品的空间会小一些，相对来讲会稍逊一筹。比如，前两年我们去杭州考察的过程中发现，他们那边已经开始提供定制化的产品了，其实定制化的产品在各行各业已经很普遍，但就房地产而言可能还没有运用起来，但一线城市已率先迈出这一步。”

长沙的房地产市场充满了活力和潜力，但也面临挑战。黄斌认为房地产行业需要变革，不能仅仅局限于“造”房子。他以汽车行业的变革为例：“汽车行业的变革是基于电动化，在此基础上，加上智能的数据收集，通过数据的分析，形成有价值的决策信息，实现无人驾驶，达到人、机、车互动。目前房地产的产品已经发展几十年了，如果参照汽车的发展模型去看待问题，后期发展大有可为，通过智能化不断收集人群的居住习惯、数据，通过整理分析这些数据，实现人、房互动，这种具有智能交互和居住属性的产品，也许是未来房地产可能要思考的一个方向，我们更加需要思考这个建筑形态或者是这个产品的呈现形式。”

黄斌强调，房地产的数据资源是一座未被充分开发的宝藏。目前，房地产开发商还是着重关注投、融、建三端，而在数据收集方面有所欠缺。未来，数据资源或将成为房地产的重要资产，通过对数据的收集、整理和分析，可以得出人们真正需要的产品类型。他仿佛看到了未来房地产的美好蓝图，充满期待地描绘着那个智能与创新的房地产世界。未来的房地产将不再是简单的建筑，可以根据居住者的习惯和需求自动调节，提供更加舒适和便捷的生活体验。开发商也可以通过数据分析，更好地了解市场需求，打造出更加符合消费者需求，充满智慧和人性化的生活空间。

对房地产行业的信心不减

当前市场上，民企降价打折的现象频繁，黄斌认为这是一种不正常的市场表现。在他看来，目前的市场状况下，价格与价值明显不匹配，这只是特定阶段的一种特殊现象。他坚信，目前房地产市场虽然处于低谷，但实际上已经到了触底阶段。然而，市场的反弹并非一蹴而就，仍需一定时间来逐步实现。

对于自己负责的建投·向江俫项目销售情况、口碑和价值，黄斌充满了信心。他表示，房地产人在过去的两年里虽然经历了一段震荡和波动期，但他们从未放弃对品质的追求。如今，他们将以最大的诚意，把最好的产品回馈给市场。他坚信，只要用心去打造每一个细节，就一定能够赢得客户的认可和信赖。建投在生活综合体方面有着长远的规划，从投资、融资、建设到设计、物业运营，涵盖了地产项目的完整链条。在向江俫项目的前期设计时就让物业公司全程参与，这样能更好地了解业主的需求，从而在设计阶段就将这些需求融入项目，为业主打造一个更加舒适便捷的居住环境。

在当下自媒体蓬勃发展的时代，黄斌高度认同利用自媒体进行正向发声的重要性，自媒体应该成为传递正能量的重要渠道，让购房者能够了解到真实的市场情况，不被无端的焦虑所困扰。他对房地产未来市场充满信心。认为任何行业都不可能永远处于低谷，房地产承担着居住的功能属性，虽然在某个阶段具有金融属性，但政府一直在引导其回归居住属性。

以长沙为例，作为新一线城市，长沙近两年人口持续增加，居住需求也相应增长。此外，人们收入的增加也会带来对生活条件的更高期待，这意味着房地产市场有升级和满足基本需求的空间。他坦然道：“现在是一个先破后立的阶段，每一次的变革都会有一段阵痛期。我之所以充满信心，是因为我们每一个人对于房子的向往，以及对于美好生活的向往是会一直存在的。”

长沙的房地产市场正处于一个关键的发展阶段，随着城市的不断发展和人口的增加，需求也在不断增长。同时，政府也在积极引导房地产市场的健康发展，加强对房地产市场的监管。黄斌相信，在政府的引导和市场的推动下，长沙的房地产市场将迎来更加美好的未来，期待更多高品质的房地产项目涌现，为人们提供更加舒适和便捷的居住环境。

长沙北中心的“显眼包”

黄斌负责的建投·向江徕项目被宣传为“长沙北中心的显眼包”，令人好奇。他介绍，长沙北中心的概念最早是由同行打造的，如今在长沙的“十四五”规划中得到了明确定义。项目所在的片区，尤其是金霞片区的鹅秀板块，作为长沙北中心副中心的核心板块，在政府的重视下，迎来了新的机遇和活力。以前，长沙北中心可能给人产业和商业发展不足的印象，但现在有许多大型公司入驻，如千思装饰全国总部基地和恒昌医药总部等。地铁1号线北沿线一期已全线贯通，极大地改善这片区域的交通状况，提高居民的出行便利性。周边规划的大型商业综合体，将为居民提供更加丰富的购物、娱乐和休闲选择。医疗、教育资源的丰富，还拥有全长沙最好的初中之一——青竹湖湘外国语学校。黄斌充满激情地讲述着这片区域的发展前景，仿佛在描绘一幅壮丽的画卷。他认为，一个刚被定义且被政府重视的板块，具有极大的发展潜力和投资价值。这里，充满了无限的可能。

建投·向江徕虽定位为刚需产品，但黄斌对“刚需”有着一番独特而深刻的理解。在他的认知中，“刚需”绝非仅仅局限于面积段的狭隘定义，这只是对房屋面积的一种划分方式而已，绝不能成为衡量产品品质的唯一标准，“刚需”应该是一种更广泛的概念。他致力于在“刚需”面积段打造出令人惊艳的高品质产品，因为他深信，任何一个项目都有潜力打造出更卓越的产品，为这片区域的发展作出贡献，为居民提供一个舒适、便捷的生活环境。

这个项目的特色与优势在于空间的巧妙设计。首先，98

平方米的户型，在有限的空间里做到了三房的合理布局，且拥有一个长达6米多的阳台，这无疑为居住者带来了广阔的视野和充足的采光。如此出色的设计，得益于建投的全产业链优势，特别是自有设计院的强大支撑。正是有了专业的设计团队，才使得每一个产品都能经过精心打磨，从规划到细节，无不体现着匠心独运。

其次，项目在刚需产品中大胆创新，打造了双大堂的独特设计。不仅如此，地下室也设有入户大堂，对管线进行了全面优化，这使得空间更加通透，层高达到3米，这在周边项目中可谓独一无二。为了给业主提供更加舒适的居住体验，项目周边的配套设施更是一应俱全，在2千米范围内，就有一家三甲医院，为居民的健康提供了坚实的保障。在500米内有2所小学，孩子们上学无须长途跋涉，家长们也能更加安心。而在3千米范围内，初中微机派位基本是名校，如青竹湖湘外国语学校、北雅附中、长郡开福中学等。对于有孩子的家庭来说，这里无疑是一个理想的居住之地。

在这个快节奏的社会里，年轻人面临着诸多压力和选择。黄斌了解到年轻人在房地产市场中常常陷入困惑与焦虑，他认为，每个人在不同的人生阶段都有自己独特的需求，不应该被社会上弥漫的焦虑情绪所左右。对于刚参加工作的年轻人来说，不必急于买房，应该把更多的精力投入事业的发展中，逐渐积累经验和财富。当他们步入人生的下一个阶段，如结婚生子时，自然会产生相应的住房需求。他认真地说：“我们一直在呼吁，所有的地产从业者努力地做好品质，做好交付兑现，在某种程度上能让消费者不焦虑。媒体从业者也要更多去宣扬生活美好的一面，不要给青年人制造焦虑。”他相信，通过积极的宣传和引导，可以让消费者更加理性地看待房地产市场，更加从容地面对生活中的各种挑战。

在与黄斌的对话中，我们感受到了他对房地产行业那份深沉的热爱与执着，以及对未来的坚定信心。他让我们看到了房地产行业的无限潜力和希望，也让我们对这个行业的未来充满了期待。相信在像黄斌这样有担当、有远见的年轻地产人的努力下，房地产行业必将迎来更加美好的明天。

黄斌采访语录摘录

长沙北繁华配套，打造你的生活秀场。

理想生活，是在一座阳光倾洒的房子里，开启每一个美好的日子。清晨，阳光温柔地唤醒，抬眼便是如诗如画的风景；傍晚，余晖映照，出门片刻便能置身于繁华的中心。在这样的生活中，我们悠然地品味着品质人生的每一刻。

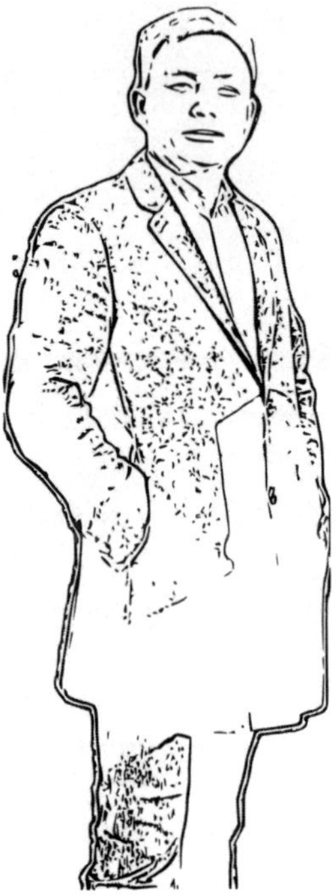

李锋

湖南金莱商业管理有限公司董事长

“锋少说长沙”主理人

在正确的时间做正确的事！

——李[illegible]

主持人手记

在与李锋先生的深入对话中，我们感受到了一位资深房地产人对行业的深刻洞察和对未来的乐观态度。李锋不仅分享了他对自媒体在房地产营销中作用的见解，还对长沙房地产市场的特点和发展趋势作出了精辟的分析。

他的言辞中透露出对市场变化的敏锐感知，尤其是对二手房市场崛起和新房市场调整的观察，让大众对长沙房地产市场的复杂性和活力有了更全面的认识，让我们感受到了一个行业专家在面对市场波动时的冷静和理性。

在访谈中，李锋提到了对商会整合新媒体主播的见解，也让大家认识到了在当前媒体环境下，建立一个公正、公平的平台对于提升行业公信力的重要性。且看一个行业专家对于楼圈网民的精准拿捏，以及对自媒体未来发展的深刻思考。

第四节　自媒体在房地产营销中的重要性

李　锋　湖南金莱商业管理有限公司董事长

在当今数字化时代，随着技术的不断进步和用户习惯的变化，自媒体已经成为房地产营销中不可或缺的一部分。它不仅改变了信息传播的方式，也为房地产行业带来了新的机遇和挑战。李锋作为湖南金莱商管的负责人，同时也是一位热情的自媒体达人，他见证了长沙这座城市十多年的发展变迁，对长沙的房地产市场有着深刻的见解。

房地产人的转型之路

湖南金莱商管成立于 2015 年，总部位于长沙——这座被称为全中国发展速度最快的城市之一。李锋作为长沙第一代房地产营销人，有着丰富的从业经历。他最早参与了黄兴南路步行街的策划，之后又在深圳、江苏等地闯荡，2009 年受合伙人召唤回到长沙。

当前，中国房地产的巅峰期已过，这是不可否认的事实。但李锋坚信，房地产作为国民经济的支柱地位在很长时间内不会改变，这个行业仍有很多机会。然而，随着行业的变化，一部分房地产从业人员开始了转型。身边的同行们有的开餐饮，有的做装修公司、服装行业，甚至还有人做 KTV。李锋直言："当一个行业的高峰期过后，我们自然会面临转型的抉择。就像过去几年我们所经历的那样，作为房地产行业的从业者，我们对长沙市场有着深刻的了解，并且对房地产营销领域有着丰富的经验。然而，随着传统房地产市场的饱和，我们可能不再需要那么多人力。特别是 ChatGPT 这类智能工具的出现，未来对人力资源的需求可能会进一步减少。因此，我们不得不探索新的领域，以适应这些变化，并寻找新的发展机会。"

李锋表示当前房地产行业处于一个重整期或恢复期，即使现在 AI 盛行，但在营销的某些领域是智能机器人无法取代的，比如，对市场的洞察力、与客户的情感沟通等。他以自己做自媒体的经历为例，虽然摸索不一定有多成功，但代表了房地产人不断追求创新，在行业中寻找新的热情和机会的精神。

长沙房地产市场的特点

长沙的房地产市场有其独到之处。相较于其他城市，长沙的房价增长一直较为稳健，但房产交易量却颇为可观。面对主持人的疑问——为何在房价增速缓慢的情况下，长沙的房产销售依然面临挑战？李锋解释道，尽管长沙的二手房市场挂牌数量庞大，但其交易量也同样惊人。以 2023 年为例，长沙内五区的二手房交易量突破了 53000 套，这一数据表明长沙已经迈入了以二手房交易为主导的市场新时代。

对于新房市场，当前确实存在价格下探的现象，但这并不代表未来房价会一直下跌。2023 年，长沙的库存量在全国大城市中相对较小，土地出让金相比 2022 年打了六五折，而商品住宅的土地出让金楼面单价相比 2022 年上浮了 26%。这些数据都表明，长沙房地产市场在未来下跌的阶段不会很长，房价仍会保持平稳上涨的势头。

李锋感慨道，长沙这几年的房地产市场发展迅速，甚至超出了许多人的预期。首先，长沙进入二手房交易为主体时代的速度加快。2023 年，长沙的二手房交易量占整个长沙商品房住宅交易量的 56%，这表明越来越多的长沙市民开始接受并选择购买二手房。其次，长沙比想象中更快地进入了大品质时代，也就是改善型时代。以华润瑞府等大平层楼盘为代表，长沙掀起了一股改善型住房的热潮。随着居民对更高品质生活的追求，加之政策的推动，长沙房地产市场正逐步过渡到以改善型需求为核心。

长沙房价稳定有几个重要基础：一是人口净流入，2022年长沙是全国大城市里面人口净流入第一的城市，未来还会吸引大量的人口流入。二是产业转型，长沙提出打造全球研发中心城市，在大王山打造湘江科学城作为起步引爆点。加上长沙有三所“985”、四所“211”高校的人才优势和低成本的生活优势，未来会吸引更多的人才来长沙发展。三是经济增长，长沙经历产业转型的阵痛期后，未来 GDP 增长有望重新回到 6 个点的快速增长轨道。这些因素都为长沙房价的稳定打好了坚实的基础。

长沙房地产市场未来发展趋势

在讨论长沙哪些板块有机会时，李锋提出了三个方面的因素：第一，这个板块是不是管理者确定强力打造且有潜力产业的片区。以滨江新城为例，虽然没有好学校，但有潜力产业，所以发展迅速。第二，是否有特殊配套资源，如地铁、优质学校等。除了内五区，长沙会展中心板块也是一个有潜力的区域；这里有地铁 2 号线、4 号线，有会展中心、会议中心、中伟总部基地、中车基地等产业，还有雅礼中学新校区、南雅等好学校，以及杉杉奥特莱斯等商业配套。第三，有没有一流的景观资源。有些楼盘的景观资源也非常优秀，所以这些地方未来的保值增值都没有很大的问题。

对于望城的大泽湖板块，他表示，地铁 4 号线延长线一定会到这里，产业上也有新的布局，还有师大附中等学校，润和、润达等本土强势品牌也来到这里，为这个片区带来了变化。如果在望城工作或生活的朋友，未来可以把眼光放在这里。梅溪湖二期虽然被很多人认为是割韭菜的板块，但它是长沙的副中心，有地铁 2 号线、6 号线，背靠高新麓谷强大的产业，还有“双书包”等配套资源，所以也是有机会的。

在选择房地产板块时，要考虑产业因素。不是所有的大厂来到一个地方就有产业，要考虑是否具有潜力产业，是否有高收入群体来到这个片区，是否有人为未来的二手房接盘。比如，滨江新城之所以在二手房低迷的时代还能坚挺，就是因为有大量的高收入群体来到这里。

李锋认为，从产业驱动角度来看，长沙打造全球研发中心城市的战略举措将为房地产市场带来巨大的推动力。大王山的湘江科学城作为这一战略的起步引爆点，将吸引众多研发企业入驻。这些企业不仅会带来大量的高收入群体，还会提升整个城市的产业层次和经济活力。随着产业的不断发展，周边的房地产市场，如长沙现代会展中心等板块，将迎来更多的发展机遇。这些区域的楼盘将因为产业的支撑而具有更高的保值增值潜力。

在政策层面上，长沙的房地产政策相对稳定，不会出现大起大落的情况。政府在调控房地产市场时，会更加注重市场的稳定和可持续发展。这种稳定的政策环境将为购房者提供一个可靠的市场预期，有利于房地产市场的长期发展。同时，政府也在积极推动城市的基础设施建设和公共服务配套的完善，如地铁的建设、学校的布局等，这些都将提升房地产市场的整体价值。

然而，李锋也指出长沙房地产市场未来发展可能面临的一些挑战。部分区域的房地产项目可能会出现“爆雷”情况，这会对市场信心产生一定的影响。但他相信，随着政府的监管和市场的调整，这些问题将逐步得到解决。同时，市场竞争也会更加激烈，开发商需要不断提升产品品质和服务水平，以满足消费者的需求。在市场需求方面，李锋认为长沙的二手房市场将继续保持活跃。随着长沙房地产市场的发展，二手房的交易量有望继续增长。一方面，二手房具有价格相对较低、周边配套成熟等优势，能够满足一些购房者的需求；另一方面，政府出台的政策，如房子网签4年就可以进入二手交易，也促进了二手房市场的发展。总的来说，李锋对长沙房地产市场的未来发展趋势持乐观态度。他相信，在产业、人口、政策等多方面因素的共同作用下，长沙房地产市场将继续保持稳定发展态势，为购房者和投资者提供更多的机会。

此外，李锋认为商会整合新媒体主播是有必要的。长沙作为媒体文化艺术之都，在新媒体方面缺乏一个平台。如果是由某个开发商组织的，大家会认为没有公信力。而不动产商会作为一个公正、公平、合理的平台，可以吸引自媒体达人，一起做好长沙的推广，推荐优质楼盘，让普通老百姓买到品质优秀的房子。这样不仅能推广长沙的楼市，更可以做好长沙这个城市的吹鼓手。通过挖掘长沙的美好，向别人推广长沙的某些区域和楼盘，既宣传了城市，也推广了楼盘，同时提高商会的公信力，为长沙这个城市作出贡献。在访谈的最后，李锋认真说道："虽然当前市场存在一些挑战，但也有很多机会。希望通过大家的共同努力，让长沙的房地产市场更加健康、稳定地发展。"

李锋采访语录摘录

当人们谈起长沙，总不免称赞它是一座幸福之城。对于我个人而言，自 2009 年回归这座城市以来，十多年的岁月里，长沙带给我的一切，是幸福，是满足的。我依然对这座城市的未来充满了期待。

不得不承认当前中国的房地产已经过了巅峰期，但是并不代表房地产行业就会一落千丈，房地产的辉煌道路我认为还会有很长的时间。

我只讲六个字——“绑大盘，走正道”，我觉得只要我们的方向是对的，跟着比我们更厉害的人，也是走了一条好的道路。或者争取在小池中，做一条大鱼。

刘昊

湖南省不动产商会副会长

湖南中汇税务师事务所有限公司董事长

天道酬勤

2024.8.4

主持人手记

在与刘昊女士的深入访谈中，我们被她对财税领域的深刻理解和对合规经营的坚持所打动。她不仅是一位经验丰富的财税专家，更是一位充满激情的创业者。她的话语中透露出对专业的热爱和对社会责任的深切认识。

刘昊女士的“一片冰心在玉壶”不仅是她个人职业生涯的写照，也是她对财税工作的执着追求。她的故事告诉我们，无论面对多大的挑战，只要坚守初心，就能在专业领域中找到自己的位置。

从她对创业历程的回顾中，我们感受到了一个企业家的坚韧和毅力。从 3 人团队到 40 多人的公司，刘昊女士的每一步都承载着团队成员及其家庭的幸福与未来。她的坚持和努力，不仅是对个人事业的投资，更是对社会的贡献。

在讨论税收政策和企业合规时，她更是展现出了非凡的专业素养。她对税收法规的深入解读，以及对企业如何合法合规降低税负的建议，为大家提供了宝贵的指导。

刘昊女士不仅是一位在财税领域有着深厚造诣的专家，更是一位在商业世界中坚守原则、引领潮流的领袖。她的故事和见解，无疑将激励着更多企业和个人在追求发展的同时，不忘合规经营的重要性。

第五节　用合规的方式来保护企业和个人的利益

刘　昊　湖南中汇税务师事务所有限公司董事长

在当今复杂多变的商业环境中，企业和个人面临着前所未有的挑战。如何在法律框架内保护自身利益，已成为每个市场参与者必须面对的问题。合规，作为一种战略性的思维方式，不仅是一种风险管理的手段，更是企业可持续发展的基石。它要求我们在商业决策和日常运营中，始终坚持法律和道德的标准，确保每一步行动都在合法合规的轨道上运行。

在湖南不动产商会的直播间里，灯光璀璨，气氛热烈。湖南中汇税务师事务所有限公司董事长刘昊女士，正以她沉稳而自信的姿态，为观众开启一场精彩纷呈的财税知识盛宴。

梦想照进现实的创业征程

主持人最先提到刘昊女士在自己的创业历程分享会上说的那句充满诗意的话语——“一片冰心在玉壶”。这来自唐朝诗人王昌龄的名句，在刘昊女士的解读下，蕴含了深刻的意义。当她踏入财税行业的那一刻，便为自己立下了一个坚定的目标——用专业回报社会。这句诗，对于刘昊女士而言，它代表着一种初心、一种对专业的执着追求和对社会责任的担当。在过去的 20 多年里，刘昊女士始终坚守着这个初心，无论遇到多少困难与挑战，都未曾动摇。

刘昊女士回忆起自己的“南漂”经历，那是一段充满故事的旅程。2001 年，她毅然决然地从北京来到长沙这座充满活力的城市。那时的她，或许并未想到，这片土地会在未来的日子里，成为她的第二个故乡。刘昊直言：“在这 20 多年的发展中，我一直坚守初心。从一开始，我就对自己的工作提出很高的要求。在当下这个浮躁的社会，大家对名利诉求很高的情况下，我能够沉下心来研究一件事情。而且，我毕业后就从事了这个专业，我也很佩服自己。20 多年来，我的学习从未停止过。在这个过程中，有欣慰，也有无奈。我曾经也有过想要放弃的想法，但最终还是坚持了下来，这是基于一种责任。”

刘昊带领的团队从最初的 3 人发展到如今的 40 多人，这意味着她的身上承载了 40 多个家庭的重担，她深知，自己的每一个决策、每一次努力，都关系着这些家庭的幸福与未来。他们每年都会制定小目标和大目标，为了让这 40 多个家庭有更好的生活，不断拼搏，砥砺前行。刘昊回忆起自己的创业历程，眼中闪烁着感慨与自豪。2005 年注册事务所后，她遭遇了前所未有的困难。当时的情况与她想象中的相差甚远，那是一个当头棒喝，让她陷入了沉思。然而，刘昊并没有被困难打倒，而是迅速调整心态，制定了新的方向，一直按照自己设定的目标发展。

2009 年，国家出台了一个重组文件，如同黑暗中的一道曙光，改变了他们的发展轨迹。这个重组文件涉及的条款众多，内容复杂，大家对其理解存在着很多争议。刘昊和她的团队没有退缩，他们花费了大量的时间和精力，深入研究这个“59 号”文件。他们逐字逐句地分析，与同行交流探讨，向专家请教。经过无数个日夜的努力，他们终于将这个文件吃透，成功地为槊梨的一些厂和本地国企的重组提供了专业服务。回忆起当时的情景，刘昊依然记忆犹新，这件事也让她认识到专业的重要性，也促使他们更加坚定了信心，并意识到只有不断提升自己的专业水平，才能在激烈的市场竞争中立于不败之地。

此后，刘昊不断追求进步，探索新的发展路径。2012—2013 年，她开始思考如何发挥品牌的力量。她深知，在这个竞争激烈的时代，品牌的影响力至关重要。于是，她带领团队积极探索，寻求突破。2014 年，她有幸与中汇集团结缘。经过多次沟通和考察，刘昊的团队最终破格加入了中汇集团。她感慨地说，中汇集团的严格要求和专业精神与他们的目标非常一致。在集团的加持下，他们不断学习进步，参加集团一年 3 次的技术交流会和每月的线上课堂，与其他省份的优秀税务师事务所交流学习，不断提升自己的专业水平。在这个过程中，他们不仅学到了先进的财税知识和技术，还结交了许多志同道合的朋友。大家相互鼓励，共同进步，为财税事业的发展贡献着自己的力量。

当被问及中汇集团能为企业主和个人提供什么帮助时，刘昊充满自豪地介绍道，中汇集团是最早进入国际市场的国内机构，具有全球性视野。余强总的高瞻远瞩，让中汇集团在中国香港、美国、澳大利亚等国家和地区都设有机构。中汇集团不断根据市场诉求推出服务产品。例如，花费 5 年时间开发风险风控软件，能够完全根据市场需求来提供服务。刘昊强调，中汇集团始终站在最高点，以高瞻远瞩的眼光为客户提供专业的财税服务。无论是企业的跨国业务，还是个人的税务规划，中汇都能凭借其丰富的经验和专业的团队，为客户提供最优质的解决方案。

业内视角下的政策解读与策略应对

目前，国内存在服务行业高薪资、高社保、高分红，个税负担重；商贸行业进项不足，增值税增加，利润缩小等问题。同时，根据福布斯全球税负痛苦指数排名，中国税负较重，全球排名第三。这些问题引起了广泛关注，大家都期待听听业内人士的解读。

刘昊深入分析了这些问题。她指出，中国税收并没有国外高。从营改增后，总体税负反而是下降的。建安企业在营业税下税负较高，而营改增后可以抵扣，降低了税负。她强调，大家所认为的税负重往往是不规范操作造成的个案，并不是所有企业都是如此。刘昊还提到了国家出台的八部委政策，关于续拍和税收洼地的问题，现在国家对税收洼地进行严控，是因为一些企业把税收洼地的通道用偏了。比如，网红和直播带货行业，由于核定征收的问题，出现了很多相关问题。刘昊以个人所得税为例，按照实际经营收入缴税和利用税收洼地核定征收缴税的巨大差异，强调了国家严控税收洼地的必要性。她接着介绍了国家给予小微企业的税收优惠政策。300万元以下的利润中，100万元以下税负为2.5%，100万～300万元为5%。她呼吁企业要充分利用国家的税收优惠政策，合法合规地降低税负。同时，她也提醒企业，不能仅仅为了降低税负而采取不规范的操作，否则将会面临巨大的风险。

对于如何让税负不再成为负担，刘昊女士给出了两个字——合规。她解释道，在原来的不动产商会财税分享会议上，她最早送给企业家朋友的两个字是“安全”，而现在是“合规”。如果事前规划叫税筹，事后规划可能就会带来麻烦。这是因为中国近30年来的高速发展，让一些企业家朋友还停留在过去的思维模式中，存在侥幸心理。但现在从企票管税到数字管税发生了质的变化，如果还用原来的思维经营企业，可能会给企业带来灭顶之灾。

从2006年银监会、证监会、保监会对商业银行、保险、证券公司提出合规化管理问题开始，刘昊一一介绍了合规管理在我国的发展历程。2016年，国务院国资委指定中国石油等5家央企作为试点单位；2018年，国务院国资委出台中央企业合规管理的演示性文件；2022年10月，《中央企业合规管理办法》出台。合规管理主要包括制度建设、风险管理、监督问责等方面，目的是让企业在合规的情况下健康发展。

刘昊以地产集团企业利息处理为例，说明了不合规操作会增加企业成本的现状。如果企业能够按照国家政策执行，享受集团统借统贷的利息不征税政策，那么集团公司和子公司都能受益。但很多企业由于没有做好细节，导致利息成本增加。她还提到企业各职能部门要协同做好合规工作，比如，房地产企业在市场变化时，市场部门和财务部门要配合做好毛利率测算，及时向税务局申请调整，避免多缴税金。

对于有人希望取消个税的问题，刘昊表示这是不可能的，个税未来有可能作为国家重要税种递增。她建议高收入者可以成立公司，如个人独资或合伙企业，通过这种方式降低个人所得税。对于普通住宅税收优惠问题，刘昊解释道，普通住宅未超过20%增值额不征土地增值税。对于灵活用工问题，她强调业务真实性是关键，不能把好政策用偏。从2018年天津的灵活用工平台开始，到现在全国普及，国家并不是不允许灵活用工，而是要确保业务真实。这两年因虚开票的案子很多都是在灵活用工平台产生的，主要是因为资金回流问题，证明业务不真实。对于开大额个人发票赚零花钱的问题，刘昊女士提醒大家要慎重。业务真实性是重要的前提，否则风险很大。她以前卖货主播薇娅事件为例，说明大额开票如果操作不合规会带来严重后果。她强调，在当前的税收监管环境下，企业和个人都必须严格遵守税收法规，确保业务的真实性和合法性。

刘昊女士的财税之路，是一条充满挑战与机遇的道路。她用自己的坚持和努力，为客户提供专业的服务，为行业树立了榜样。她的故事激励着每一个在财税领域奋斗的人，也让更多的人认识到合规经营的重要性。在未来的日子里，相信刘昊女士和她的团队会继续为财税事业作出更大的贡献，为企业和个人提供更加优质的财税服务。

刘昊采访语录摘录

“一片冰心在玉壶”对我来说，意味着自接触财税行业起，我就给自己选定了一个目标，那就是一定要用专业回报社会。20 多年来，我一直秉持着初心。所以，用这句话来定义我的初心，我觉得恰如其分。

别人常说“北漂”，我可以称得上是“南漂”。2001 年，我从北京来到长沙这片热土，没想到长沙会成为我的第二个故乡。

我们在一线工作中发现，企业最大的问题是老板拍脑袋决策，没有与财务和商务等部门做好配合。比如，营销方案可能在税务上有障碍，但老板坚持要做，就会给企业埋下风险。如果用合规来推动各个职能部门对接，协同做好，就可以减少成本，减轻税负。

后　记

现在是2024年的12月，暖阳初现，似乎，冷也冷得不明显。

随着《不动产行业透视：对话行业精英》一书的完稿，我们站在了一个全新的视角，温携着一代地产商的体悟和感知，也许言辞之间，还是正经有余，地气欠接。坐着地产开发的巨轮出发，看过高楼琼宇，追过高速发展的城市化进程，两岸一片姹紫嫣红。但房产终究会“价值回归”，宏观的历史发展规律、周期性、结构性的各种问题浮现，漫山遍野的淘笑嬉闹，最终交给那看不见的“手”做出抉择。

感谢每一位参与对话的朋友，也要感谢“房会长”视频号的大力支持，通过网络平台为我们提供了一个展示和交流的窗口，让我们有机会接触到更广泛的观众群体。“春天的尖叫”会长系列访谈视频能有显著的曝光和传播，这极大地促进了不动产行业的信心提升和市场影响力。

同时，也请各位会长值此拥抱自媒体浪潮的时节，多多露脸参与这个社会性舞台，李咏会长当初作为媒体人的经验，确实为一个严谨、规划感强的业态贡献了许多诙谐笑意；同时我们也感谢金增荣秘书长为商会多年的付出，他的智慧与勤勉为本书的付梓添了一份力；主笔白宇这位女生，她那飞扬的笔触搭建了从视频到文字的流畅转换；而“房会长”视频号的工作者们，如小鱼、唐琪、俊波、弟弟诸位大神，看着文字世界里又活一遍的会长们，估计又有奇特的心得吧。自媒体时代赋予了种种可能，让我们线上线下同步飞翔，也让我们胆敢以文字和视频交织的手法，对斑驳的世界进行多维度的解读。

期待每一个春天！

李叔合

2024 年 12 月 5 日